カラー版

中学3年間の英語を10時間で復習する本

稲田 一
Hajime Inada

CD付

はじめに

　本書は1999年に出版され、姉妹本『**CD付　高校3年間の英語を10日間で復習する本**』とともに**ロングセラー**となった本をオールカラー化し、より読みやすくした改訂新版です。

　多くの読者の方々（10～80代の老若男女）に支えられ、「読書カード」では「**中学時代にこの本に出合っていれば、英語が得意科目になっていたのに**」「**本書を読んで、なんで今までわからなかったのかと"目からウロコ"状態で感激しています**」など、私の執筆意欲をかき立てられる励ましの言葉を多くいただき、本当にありがとうございました。

　また、本書は大学で開かれている社会人向け（主婦などが中心）のオープンカレッジや私立の中・高一貫校の副読本としても使われるなど、私自身が思ってもみなかった反響に大変驚き、読者の方々に心から感謝しています。

　さて、みなさんは日頃こんなことを感じていらっしゃるのではないでしょうか？

「英語をもう一度やり直したいけど、英会話学校に行くのも気が引けるし、いまさら中学英語レベルを教わりたいって言うのも恥ずかしいし…」

　そんな一人である、私の友人の娘さん（ゆりさん）から頼まれて、

このたび10時間の個人レッスンをすることになりました。

　このレッスンでは、あなたが中学時代に持っていた素朴な疑問点を、中学レベルの視点でやさしく説明しています。

　また、本書は全体が「会話体」で進む、ライブ講義形式をとっています。そのため、あなた自身もマンツーマンのレッスンに参加している気分になれます。通勤・通学電車の中や家事の合間に、またソファーに寝転がってでも結構です。気軽に読み進めてください。知らず知らずのうちに「中学英語の復習」を終えることができます。

●やる気あふれる社会人の方へ

「今の時代、英語くらいできないと、社会人として恥ずかしい」とか、「海外旅行に出かけても、英語がわかればもっと楽しいのに」と思ったことはありませんか？

　なんといっても、英会話の基礎はほとんどが中学英語です。中学英語をマスターすれば、簡単な日常会話なら話すことができます。最近、私は北欧４カ国（デンマーク、ノルウェー、フィンランド、スウェーデン）に行ってきました。どの国でもすべて英語が通じました。英語は「世界共通語」ですから。しかも、いろいろな単語（特に名詞・動詞）を入れかえさえすれば、日常会話は中学英語だけでOKなのです（単語はなるべくたくさん覚えておいてください）。難しいことは決してありません。まずは、基礎から復習していきましょう。

●中・高生のお子さんをお持ちのお父さん・お母さんへ

　懐かしい中学時代にタイムスリップして、英語をやり直してみませんか？　ご自分で読み終えた後は、この本を子どもさんに譲ってあげてください。**親子で英語がマスターできれば、まさに「一石二鳥」ではありませんか。**

　本書を読んで一人でも多くの方が中学英語を復習され、英語をマスターされることを心よりお祈りしています。
「思い立ったが吉日」です。さあ、今日から中学時代に戻って、**英語の「おさらい」をしましょう！**

　最後に、私が考えた語学の学習に必要な「３つのキ」をお伝えしたいと思います。
「やる気、根気、暗記」

著　者

Contents

カラー版　CD付　中学3年間の英語を10時間で復習する本

- **1時間目** 動詞
- **2時間目** 時制
- **3時間目** 助動詞／命令文
- **4時間目** 名詞／代名詞
- **5時間目** 形容詞／副詞
- **6時間目** 比較／感嘆文
- **7時間目** 受動態／疑問詞
- **8時間目** 不定詞／動名詞
- **9時間目** 現在完了／付加疑問文／間接疑問文
- **10時間目** 関係代名詞／分詞

1時間目 中学英語の入口は「動詞」から!

① 【be動詞と一般動詞の違い】私は学生です。 14
② 【3単現のsについて】彼は学校へ行く。 16
③ 【人称のまとめ】私の父はゴルフをする。 18
④ 【否定文と疑問文の作り方】彼女はテニスをしますか? 21
One Point Lesson 3単現のsのつけ方 25
One Point Lesson 「have」と「has」の使い方 26
Questions & Answers 27

2時間目 過去から未来へひとっ飛び!「時制」

⑤ 【be動詞の過去形】私は昨日忙しかった。 30
⑥ 【規則動詞と不規則動詞】私は昨夜メアリーに会った。 31
⑦ 【過去形の否定文と疑問文】彼女は昨日テニスをしましたか? 36
⑧ 【未来のwillの使い方】私は来年の夏にアメリカへ行くつもりだ。 38
⑨ 【be going toの使い方】あなたは明日、何をするつもりですか? 42
⑩ 【進行形の作り方】トムとアリスは公園を散歩しているところだ。 44
Questions & Answers 47

3時間目 おしゃれな会話の宝庫「助動詞」

⑪【助動詞の基本】パスポートを見せてください。　50
⑫【助動詞 can の使い方】何を差し上げましょうか？　53
⑬【助動詞 may の使い方】あなたは私と一緒に行ってもよい。　56
⑭【助動詞 must の使い方】あなたは歌わなければならない。　59
　One Point Lesson　助動詞の書きかえ　61
　One Point Lesson　その他の助動詞　62
⑮【命令文と Let's の文】散歩に行きましょう。　63
⑯【命令文, and〜／命令文, or〜】
　急ぎなさい、さもないと学校に遅れますよ。　66
Questions & Answers　67

4時間目 クローズアップ「名詞」

⑰【数えられる名詞と数えられない名詞】あばたもえくぼ。　70
⑱【物質名詞の数え方】コーヒーをもう一杯いかがですか？　72
　One Point Lesson　無生物主語　75
⑲【人称代名詞の変化】これは誰のピアノですか？　76
⑳【代名詞の所有格】これは彼女のバッグです。　78
㉑【代名詞の目的格】私は彼を知っている。　81
㉒【所有代名詞について】この服は私のものです。　84
Questions & Answers　87

目次　7

5時間目 プリティ・ウーマン「形容詞」

㉓【形容詞の基本】彼女は新しいセーターを買った。　90
㉔【many, much, few, little の使い方】
　彼女にはボーイフレンドがたくさんいる。　93
㉕【be 動詞の働き】このレストランはとてもすてきだ。　97
㉖【副詞の基本】彼は熱心に働く。　99
㉗【頻度を表す副詞】私は時々運動する。　101
Questions & Answers　106

6時間目 グルメ or エステ「比較」

㉘【比較の原級】メアリーはケイトと同じ背の高さだ。　110
㉙【比較の比較級】メアリーはトムよりも年上だ。　113
㉚【比較の最上級】ビルはクラスの中でいちばん背が高い。　114
㉛【比較級・最上級の作り方】
　ベストテンに入っている打者は誰ですか？　117
　One Point Lesson　比較の書きかえ　120
㉜【感嘆文の作り方】これはなんて美しい花なのだろう！　121
　One Point Lesson　「What」と「How」の書きかえ　125
Questions & Answers　126

7時間目 愛されるよりも愛したい「受動態」

- ㉝【能動態と受動態】この手紙はトムによって書かれた。 130
- ㉞【by+目的格が省略される場合】英語はカナダで話されている。 134
- ㉟【目的語が2つある場合】彼女はトムにこのプレゼントをもらった。 137
- ㊱【受動態の否定文と疑問文】誰によってアメリカは発見されたのか？ 139
- ㊲【熟語の受動態の作り方】私は彼に笑われた。 141
- ㊳【by以外を使う受動態】私はその知らせに驚いた。 142
- ㊴【疑問詞の基本】ご出身はどちらですか？ 144

Questions & Answers 148

8時間目 「不定詞」七変化

- ㊵【名詞と同じ働きをする不定詞】私の夢は女優になることだ。 152
- ㊶【副詞と同じ働きをする不定詞】私はあなたに会えてうれしい。 156
- ㊷【形容詞と同じ働きをする不定詞】私は何か飲み物がほしい。 157
- ㊸【疑問詞＋不定詞の形】私は何を作ったらよいかわからない。 160
- ㊹【動詞＋人＋不定詞の形】彼女は私に手伝うように頼んだ。 161
- ㊺【動名詞の基本】カラオケボックスで歌うのは楽しい。 164

One Point Lesson 不定詞と動名詞の比較 169

Questions & Answers 170

9時間目 英語にあって日本語にないもの「現在完了」

- ㊻【継続を表す現在完了】私は1年前から彼女を知っている。　174
- ㊼【経験を表す現在完了】あなたはギリシャへ行ったことがありますか？　177
- ㊽【完了を表す現在完了】コンサートはもうはじまっていた。　179
- ㊾【結果を表す現在完了】春がきた。　182
- ㊿【現在完了で使えない語句】たった今、彼にパーティーで会った。　185
- **One Point Lesson**　「for」と「since」　187
- ⑤¹【be動詞の付加疑問文】今日はいい天気ですね。　188
- ⑤²【一般動詞の付加疑問文】昨日、あなたは映画を見に行きましたね。　191
- ⑤³【助動詞の付加疑問文】メアリーは車を運転できますね。　193
- ⑤⁴【命令文とLet's～の付加疑問文】踊りませんか？　195
- ⑤⁵【間接疑問文の作り方】私は彼女がどこに住んでいるのか知らない。　196
- ⑤⁶【ifを使った間接疑問文】彼は明日ここに来るかしら。　198
- **Questions & Answers**　199

10時間目 英語の達人への扉「関係代名詞」

- ⑤⁷【主格の関係代名詞】これはドイツ製の車です。　202
- ⑤⁸【所有格の関係代名詞】私は父親がパイロットである少女に会った。　206
- ⑤⁹【目的格の関係代名詞】これは私が昨日買ったカメラです。　207
- **One Point Lesson**　関係代名詞を使った作文　211
- **One Point Lesson**　関係代名詞の「that」　213
- ⑥⁰【現在分詞の使い方】彼と踊っている少女は誰ですか？　214
- ⑥¹【過去分詞の使い方】これは彼が撮った写真です。　217
- **Questions & Answers**　221

key Sentence 一覧　222　　復習ドリル　228
文法早わかりインデックス　234　　　　　　本文イラスト：横井　智美

本書の使い方

本書は、中学英語の文法の基礎を10の単元に分け、各単元を1時間で学べるように解説しています。

Key Sentence	その時間の課題となっている文法を使った**基本表現**です。日本語訳とあわせてこの表現を覚えるようにしてください。
Point	文法の重要なポイントを文章や表で簡潔に示しています。
ここだけは押さえよう!	おさえるべきポイントを解説しています。
確認しよう!	基礎的な文法についてまとめています。
One Point Lesson	補足的な文法のポイントについてまとめています。
Questions & Answers	1時間ごとのまとめとなる問題です。**不正解だった問題は本文を振り返って復習しましょう。**
ミニ英会話	ポイントとなる文法事項を使った英会話を掲載しています。
Column	おもしろい英語表現にまつわるコラムです。
文法早わかりインデックス	本書で解説した文法事項を記しています。ここから本文を参照して復習に役立ててください。
CD	**Key Sentence** とミニ英会話は、ネイティブスピーカー(英語を母国語として話す人)の発音によって、「耳から」学習できます。1時間の復習を終えるごとに CD を聞いてまず発音を確認した後、何度も聞いて、すぐに**その表現が口から出るように練習してください。**

中学英語の入口は「動詞」から！

覚えていますか？　動詞の基本

　みなさんは「3単現のs」で引っかかった経験はありませんか？
　そう、中学の一番はじめに習うこの部分で、つまずいてしまう人が実に多いのです。そんなあなたに、耳寄りなお話を！
　まずは、次のページをご覧ください。

be動詞と一般動詞の違い

Key Sentence ❶
I **am** a student.
私は学生です。

 それじゃ、**動詞**の話からはじめようか。**動詞には「be動詞」と「一般動詞」がある**けど、「be動詞」ってどんな動詞？

 はい。「I am a student.」や「This is a book.」で使われている「**am / is**」のような動詞じゃないですか？

先生　そう、よくできたね。では、「一般動詞」はどう？

ゆり　えーっと…。何て答えたらいいのか…。

先生　じゃ、ヒントを出すよ。さっきの答え「am, is」以外に、どんな動詞を知ってる？

ゆり　「go」や「play」なんかです。

先生　そう、いいね。

ゆり　すると、「**go**」や「**play**」が「**一般動詞**」なんですね。

先生　そうだね。「一般動詞」は他にもいっぱいあるので、逆に考えてみたほうがわかりやすいかもしれないね。

ゆり　えっ、逆にですか？

先生　うん。つまり、「**be動詞」以外のすべての動詞が「一般動詞**」だと考えてみる。どう？　簡単でしょう。

ゆり　はい。じゃ、動詞はほとんどが「一般動詞」なんですね。

ここだけは押さえよう！ 動詞の種類

be 動詞	am / is / are（現在形）
一般動詞	go / play など （be 動詞以外のすべての動詞）

① I **am** a teacher.　⇒　We **are** teachers.
　（私は先生です）　　　　（私たちは先生です）
② You **are** a doctor.　⇒　You **are** doctors.
　（あなたは医者です）　　（あなたたちは医者です）
③ He **is** a pilot.　⇒　They **are** pilots.
　（彼はパイロットです）　（彼らはパイロットです）
④ She **is** a nurse.　⇒　They **are** nurses.
　（彼女は看護師です）　　（彼女らは看護師です）
⑤ It **is** a dog.　⇒　They **are** dogs.
　（それは犬です）　　　　（それらは犬です）
⑥ I **play** golf.　⇒　We **play** golf.
　（私はゴルフをします）　（私たちはゴルフをします）
⑦ You **like** apples.　⇒　You **like** apples.
　（あなたはリンゴが好きです）（あなたたちはリンゴが好きです）
⑧ He **teaches** English.　⇒　They **teach** English.
　（彼は英語を教えています）　（彼らは英語を教えています）
⑨ She **lives** in London.　⇒　They **live** in London.
　（彼女はロンドンに住んでいます）（彼女らはロンドンに住んでいます）
⑩ It **moves** fast.　⇒　They **move** fast.
　（それは速く動きます）　（それらは速く動きます）

※英語では２人［２つ］以上になると名詞に「s」がつきます。
　「s」のつけかたは、４時間目の「名詞」のところで詳しく説明します（→p.74参照）。

1時間目

「動詞」

3 単現の s について

Key Sentence ❷
He **goes** to school.
彼は学校へ行く。

 先生、一般動詞に「s」をつけたりつけなかったりするところを説明してください。すっかり忘れてしまったもので。

 いいところに目をつけたね。ここをキチンと理解しておけば、あとがラクだからね。

(ゆり) わかりやすくお願いしま〜す（笑）。

先生　もちろんだよ。次のように頭に入れておけば大丈夫。まず、**「s(es)」をつける場合を完全に押さえておくこと**。そうすれば、**残りはすべて「s(es)」がつかないことになる**からね。「s(es)」がつく場合は、とても簡単だよ。次の 例 で説明しておこう。

例
① He play (　) tennis.　　　　（彼はテニスをする）
② I play (　) tennis.　　　　　（私はテニスをする）
③ They play (　) tennis.　　　（彼らはテニスをする）
④ My father play (　) tennis.　（私の父はテニスをする）
⑤ You play (　) tennis.　　　　（あなたはテニスをする）

先生　①から⑤の中で、どれに「s」をつけたらいいのか考えてご

らん。

ゆり 主語が「He」の①には「s」がついて、②④⑤にはつかないと思います。③はつけるべきかどうか、ちょっと自信がありません。

先生 いくつか間違えてるみたいだね。学校を卒業して何年もたつと、こういう場合に、何となくカンで「s(es)」をつけてしまいがちなんだよね。そこで、まず次の **Point 1** を完全に押さえておいてほしい。この条件には例外がないので、一度理解すれば、なぜ今までこんなことで悩んでいたのか不思議に思うはずだ。

Point 1 ● 一般動詞に「s(es)」をつける場合

一般動詞に「s（es）」をつけるのは
① 主語が 3 人称
② 主語が 単数
③ 文が 現在のことを述べている
　　　　　　　　　　　　　　　この 3 つを 3 単現という
④ 肯定文（普通の文）
以上の 4 つの条件を 同時に満たすとき

先生 この①～③の下線部の頭文字を取って「3・単・現（サン・タン・ゲン）」の「s（エス）」って呼ぶことは、中学校の授業で習ったね？

ゆり ええ、思い出しました。ここで苦労したことも一緒にですけどね（笑）。

先生 ハハハハ、それは悪かったね（笑）。

人称のまとめ

Key Sentence ❸
My father **plays** golf.
私の父はゴルフをする。

- ところで先生。3人称がよくわからないんですが…。
- ああ、「人称」ね。では、わかりやすく説明してみよう。まず、君が会話する場面を想像してごらん。そして、会話で必要な人を順番にあげていくといいね。 
- (ゆり) わかりました。まず第一に自分自身が必要で、次に相手が必要になります。
- 先生 その通り。会話で必要な順に **1人称（私）、2人称（あなた）** と呼ぶんだね。そして、**話をしている2人以外は第3者**になるから、これを「**3人称**」と考えれば簡単じゃないかな。それと、**3人称には動植物や物も含まれる。**

Point 2 ● 人称のまとめ

	単数（1人[1つ]）	複数（2人[2つ]以上）
1人称	I　私は	we　私たちは
2人称	you　あなたは	you　あなたたちは
3人称	he / she / it 彼は／彼女は／それは	they 彼らは／彼女らは／それらは

(ゆり) 先生、それじゃ「**3人称単数**」というのは、「**he / she / it**」の3つなんですね。

(先生) そう、たったの3つしかないからね。**この3つが主語のときにだけ一般動詞に s(es)をつければ、残りは全部そのままでいいんだ。**

(ゆり) へえ〜、ホントに簡単ですね。

(先生) 今まで、難しく考え過ぎだったんじゃないの？（笑）　さっきの **Point 1** をもっとわかりやすくまとめると、次のようになるんだ。

確認しよう!　一般動詞に「s(es)」をつける場合

現在のことを述べる肯定文（普通の文）で
主語が「He / She / It」のときだけ

① He **plays** tennis.　　　　　（彼はテニスをする）
② She **goes** to school.　　　　（彼女は学校へ行く）
③ It **runs** fast.　　　　　　　（それは速く走る）
④ My father **washes** his car.　（私の父は自分の車を洗う）
⑤ Your mother **cooks** well.　　（君のお母さんは料理がうまい）
⑥ Tom **drives** a car.　　　　　（トムは車を運転する）

※「My father=He」「Your mother=She」「Tom=He」は、すべて「3人称単数」なので「s(es)」がつく。

(ゆり) すると、さっきの例 (p.16) は、①と④に「s」をつけるのが正解なんですね。③の「they」は単数ではないから。

(先生) その通りだね。

(ゆり) でも、私は最初に、④でずいぶん迷ったんですよ。「My

「動詞」

father」は私のお父さんだから、私の家族だし…。だけど私自身ではないし…。

先生　英語にごぶさたしている人の中には、「My（私の）〜」や「Your（あなたの）〜」ではじまる文があると、「My / Your」につられて「1人称、2人称」とカン違いしてしまう人もけっこう多いんだ。そんなときは、「…の〜」という形を見たら、「の」のすぐ後の単語が「**he / she / it**」に**置きかえられないか**をチェックしてみる。すると、「My father」の「father」は「he」にかえることができるね。それで「s」が必要になるんだ。

ゆり　な〜んだ！　じゃ「My friends」は、「friends」が「they」に置きかえられるから「s」はつかないんですね。

先生　さえてるね〜、その通り！　だから、①と④に「s」をつけ、②③⑤にはつけないのが正解になる。いいかな？

ゆり　は〜い！　バッチリで〜す。

先生　3人称単数については、ほんの一例だけど、単語を表にまとめておくからね。よ〜く確認しておくこと。

確認しよう！　3人称単数

he　彼	Tom　トム	my father　私の父
she　彼女	Mary　メアリー	your mother　あなたのお母さん
it　それ	your book　あなたの本	my dog　私の犬

否定文と疑問文の作り方

Key Sentence ❹
Does she play ◯ tennis?
彼女はテニスをしますか？

今度は、次の文を「**否定文**」と「**疑問文**」にかえてみよう。

> 例
>
> She plays tennis.　　（彼女はテニスをする）

 否定文が She does not plays tennis.
疑問文が Does she plays tennis?　でしょうか？

先生 少し残念だったね。**否定文や疑問文では「plays」の「s」が消えてしまう**。ここが大きなポイントだ。

ゆり あっ、そうか！　またまた思い出しました。でも先生。「He」や「She」だけでなく、「They」や「It」なども出てくるので、どうしても混乱してしまうんです。

先生 なるほど。**一般動詞を含む文では、否定文や疑問文を作る時に「do」や「does」を使うことは覚えているね。**

ゆり はい！

先生 これも、次のように理解しておくといいよ。**主語が3人称単数（He / She / It）のときだけは「does」を使い、残りはすべて「do」を使う**と。

(ゆり) あれっ？「主語が3人称単数 (He / She / It) のときだけ」という条件は、前に出てきた一般動詞に「s(es)」をつけるときの条件とまったく同じですね。

(先生) そうそう、いいところに気づいたね。問題はそこからで、**Point 1** で一般動詞に「s(es)」がつくのは、**肯定文（普通の文）のときだけ**と復習したはずだよ。さっきの例文を否定文や疑問文に書きかえるとき、「play」に「s」がついたらおかしくない？

(ゆり) いわれてみれば、そうですね。

(先生) 次のように考えてごらん。「does」という単語は「do」に「es」がついた形だよね？　だから、否定文や疑問文で「does」を使うときには、**「do」という"磁石"が「plays」から「s」という"鉄"を引きつけて「does」の形になる**。そうすれば、動詞に「s」をつける間違いは絶対になくなるはずだからね。

(ゆり) なるほどね〜。でも、それなら、**「goes」で考えるほうがもっとわかりやすいですよ。「es」が引きつけられて「does」の形になる**と考えれば、より簡単ですからね。

(先生) そうそう、まさにその通り。ちょうど今、僕もそれを話そうと思ってたところなんだ。ホント、すばらしいね〜。

(ゆり) いえ、急に思いついただけですから…。

(先生) これで「s」については、もう大丈夫だね。それじゃ、これをわかりやすく表にしてみようか。

> ここだけは押さえよう！

3単現の否定文・疑問文

①肯定文		She		play<u>s</u>	tennis.
②否定文		She	do<u>es</u> not	play	tennis.
③疑問文	Do<u>es</u>	she		play	tennis?

①肯定文		She		goe<u>s</u>	to school.
②否定文		She	do<u>es</u> not	go	to school.
③疑問文	Do<u>es</u>	she		go	to school?

1時間目

> ここだけは押さえよう！

be動詞の否定文・疑問文

否定文 →「be動詞」の後に「not」を入れる

疑問文 →「be動詞」を文頭に出す

　　　　（主語と「be動詞」の語順を逆にする）

①肯定文		He	is	a teacher.
②否定文		He	is not	a teacher.
③疑問文	Is	he		a teacher?

「動詞」 23

ミニ英会話 ①

A : **Is** Bill your brother?(ビルはあなたの兄弟なの?)
B : Yes, he **is**.(うん、そうだよ)

A : This **is** a present for you.(あなたにプレゼントよ)
B : Thank you very much.(どうもありがとう)

A : **Do** you **speak** French?
　(あなたはフランス語を話すの?)
B : No, but my brother **speaks** it very well.
　(いや、でも僕の兄貴はとてもうまく**話す**よ)

A : **Does** this bus **go** to Shibuya?
　(このバスは渋谷へ**行きますか**?)
B : No. It **goes** to Shinjuku.(いいえ。新宿へ行きます)

A : **Do** you **like** tennis?
　(あなたはテニスが**好きなの**?)
B : Yes. I **play** tennis every Sunday.
　(うん。日曜日はいつもテニスを**するんだ**)

A : **Do** you **have** any questions?(何か質問は?)
B : Yes, just one.(はい、1つだけあります)

3単現のsのつけ方

3単現の「s(es)」のつけ方には、次のような簡単な規則があります。**例外的な規則である②と③だけを完全に覚えてしまえば、残りの動詞はすべて①にあてはまります。**

Point 3 ● 3単現の「s(es)」のつけ方

① 〈一般動詞〉の語尾＋s
　例 walk（歩く）→ walks　など
② 〈o, s, x, ch, sh〉の語尾＋es
　例 go（行く）→ goes
　　pass（通る）→ passes
　　fix（固定する）→ fixes
　　teach（教える）→ teaches
　　wash（洗う）→ washes　など
③ 〈子音字＋y〉の語尾→「y」を「i」にかえて＋es
　例 study（勉強する）→ studies　など
　ただし、〈母音字＋y〉の語尾＋s
　例 play（遊ぶ）→ plays　など

※母音字：アルファベット26文字の中のa（ア），i（イ），u（ウ），e（エ），o（オ）だけ。

「動詞」 25

 # 「have」と「has」の使い方

　「**have**」と「**has**」には、特別なルールがありますので、その使い方を説明しておきましょう。

　「have（持っている）」は、**主語が「3人称単数（He / She / It）」のときに「has」に変わります**。これは一般動詞に「s(es)」をつけるときの条件（**Point 1**→p.17参照）とまったく同じです。「have」の「ve」が取れたあとに「s」がくっついて「has」になった、と考えれば理解しやすいのではないでしょうか。

Point 4 ● 「have」と「has」の使い方

> 「**has**」を使うのは現在のことを述べる肯定文（普通の文）で主語が「**He / She / It**」のときだけ。「**does**」を使って「否定文・疑問文」に書きかえると、「**has**」は「**have**」に戻る。
>
> | | | | | | |
> |---|---|---|---|---|---|
> | ①肯定文 | | He | | **has** | a book. |
> | ②否定文 | | He | **does not** | **have** | a book. |
> | ③疑問文 | **Does** | he | | **have** | a book? |

Q：（　）内から適する語を選んでみよう！

> ① (Are / Do / Does) you speak English?
> ② My sister (go / gos / goes) to school.
> ③ Mr. Smith (isn't / don't / doesn't) have a car.
> ④ His father (play / plays / plaies) baseball.
> ⑤ Tom and Mary (aren't / don't / doesn't) speak Japanese.
> ⑥ (Are / Do / Does) you a teacher?
> ⑦ (Is / Do / Does) he like this book?
> ⑧ She (study / studys / studies) English every day.
> ⑨ (Is / Do / Does) your dog run fast?
> ⑩ Jane (teach / teachs / teaches) English at school.

A：

① **Do**（訳：あなたは英語を話しますか？）

主語が「you」なので「Do」を選ぶ。一般動詞（speak）があるので「Are」は選べない。

② **goes**（訳：私の姉［妹］は学校に通っている）

「My sister＝She（3人称単数）」が主語なので「goes」が正しい。「go」は語尾が「o」なので「es」をつける。

③ **doesn't**（訳：スミス氏は車を持っていない）

主語が「Mr. Smith＝He（3人称単数）」なので「doesn't」が正解。「isn't」は一般動詞(have)があるから除く。

④ **plays**（訳：彼のお父さんは野球をする）

「His father=He（3人称単数）」が主語だから「plays」を選ぶ。「play」は語尾が「母音字(a)＋y」なので「ies」にはならない。

⑤ **don't**（訳：トムとメアリーは日本語を話さない）

主語が「Tom and Mary = They」だから「don't」を選ぶ。一般動詞（speak）があるので「aren't」は除く。

⑥ **Are**（訳：あなたは先生ですか？）

一般動詞がないので「Are」が正しい。

⑦ **Does**（訳：彼はこの本が好きですか？）

「he（3人称単数)」が主語で一般動詞（like）があるから正解は「Does」。

⑧ **studies**（訳：彼女は毎日英語を勉強する）

「She（3人称単数）」が主語だから「studies」が正解。「study」は語尾が「子音字(d)＋y」なので「ies」。

⑨ **Does**（訳：あなたの犬は速く走りますか？）

主語が「your dog = it（3人称単数）」で一般動詞（run）があるから正解は「Does」。

⑩ **teaches**（訳：ジェーンは学校で英語を教えている）

「Jane=She（3人称単数）」が主語なので「teaches」を選ぶ。「teach」は語尾が「ch」だから「es」をつける。

Column

▶「Watch out!」は「外を見ろ！」なの？

こんな笑い話があります。窓からボンヤリと外の景色をながめていた人が、「Watch out!」という大声に驚いて顔を出したところ、2階から落ちてきたプランターに頭を直撃されてしまったのです。

「あぶない！」という注意を、文字通り「外を見ろ！」と解釈したことから生じた"悲喜劇（！）"といえるでしょう。

過去から未来へひとっ飛び!「時制」

あなたの明日の予定は？

　2時間目は、以前の思い出、これからの運勢、進行中の出来事をおさらいしましょう。過去は忘れて、英語といい関係でいたいですね。

　明日もいい日でありますように！

be 動詞の過去形

Key Sentence ❺
I **was** busy yesterday.
私は昨日忙しかった。

　この時間は「**過去**」「**未来**」と「**進行形**」の話をしよう。
　えっ！ 今日はずいぶん多いんですね。

先生　大丈夫！ 数は多くても、説明する量はたいしたことないから。

ゆり　それを聞いて安心しました。中学のときの詰め込み主義に対するアレルギーが、まだ完全には抜けてないんです。

先生　ハッハッハ！ ここでの英語のおさらいは、「**理解してもらう**」ことを第一に考えてるからね。君たちの悩みは、私もよ〜くわかってるつもりだよ（笑）。じゃあ、はじめるよ。
　「**be 動詞**」の過去形には、どんなものがあった？

ゆり　これは簡単です。「**was**」と「**were**」の2つですね。

先生　その通り。現在形より数が1つ少ないから助かるね。

ここだけは押さえよう！　be 動詞の過去形

> **am / is** → **was**（主語が1人称・3人称の単数）
> **are** → **were**（主語が2人称と複数）

規則動詞と不規則動詞

Key Sentence ❻
I met Mary last night.
私は昨夜メアリーに会った。

2時間目

 ところで、「一般動詞」の過去形は人称や単数・複数に関係なく、ほとんどの動詞に「ed」をつければよかったね。

 ええ。これは英語の復習をはじめたばかりの私にとっては、うれしいことです。間違える可能性が、それだけ少なくなりますからね。

(先生) ところで、**規則動詞の「ed」のつけ方**には次のような簡単な規則があるんだ。

Point 5 ● 規則動詞の過去形「ed」のつけ方

① 〈動詞〉の語尾＋ed
　例 walk（歩く）→walked　など
② 〈e〉の語尾＋d
　例 live（住む）→lived　など
③ 〈子音字＋y〉の語尾→「y」を「i」にかえて＋ed
　例 study（勉強する）→studied　など
　ただし、〈母音字＋y〉の語尾＋ed
　例 play（遊ぶ）→played　など
④ 〈短母音＋子音字〉の語尾→子音字を重ねて＋ed
　例 stop(止める)→stopped　など　※短母音については次ページ。

「時制」 **31**

ゆり あれっ？ この表、**Point 3**の表（→p.25参照）によく似てませんか？

先生 ほう、さすがだね。これは、「3単現の s(es) のつけ方」といっしょにチェックすれば完ぺきだよ。

ゆり ④の「短母音」というのは何でしょう？

先生 「母音」はわかる？

ゆり はい、「アイウエオ」の5つです。

先生 そうだね。短母音を説明する前に、「長母音」と「二重母音」を説明しておこうか。まず、長母音というのは、「アー、イー」など「長く伸ばして発音する母音」で、二重母音は「アイ、オイ」など「短母音を2つ重ねて1つの音にしているもの」なんだ。この2つから考えて、「短母音」は伸ばしたり重ねたりしない、ただの「アイウエオ」ということになる。たとえば、「stop」を発音してみてごらん。

ゆり 「p」の前の「o」は「オ」という短い母音になります。

先生 その通り。そこを強く発音するとき、後の子音「p」が重なるんだね。どう、わかった？

ゆり はい、よくわかりました。

先生 先ほど、一般動詞の過去形はほとんどの動詞に「ed」をつけると言ったけど、本当はそれだけじゃないよね。

ゆり 覚えてます。「不規則動詞」といって、形がまったく変化してしまうものがありました。私はそれが中学時代からとっても苦手で…。先生、英語ってどうしてこんなに変化ばかりするんでしょうね？ 日本語だったら「テニスをした」「歌

を歌った」など、「〜した」で終わりなのに。

先生　なるほどね。でも、**日本語と英語とでは文の構造がまったく異なっている**から、英語を学ぶときは単語や文法をはじめとして、最低限のことは頭に入れておくしかないんだ。

ゆり　それはわかりますけど…。

先生　とにかく「不規則動詞の変化表」を次にまとめておこう。不規則といっても、変化のしかたには、大きく分けて4つの型がある。だから、やみくもにやるんじゃなくて、**この型ごとに復習しておくことが大切**なんだ。

2時間目

Column

▶これ、タダでもらっていいの？

　最近若い人を中心に、フリーマーケットが人気を呼んでいます。ところが、この「フリーマーケット」という言葉、かなりの人が「free market」と思い込んでいるのです。たしかに、「フリー」という発音には「free」がピッタリ合います。でも「free market」では、「タダだから、自由に持ってっていいよ」といっているようなものです。

　日本語には**「蚤の市」**という言葉がありますね。この「蚤」に対する英語が**「flea」**なのです。ちなみに、アメリカでは**「garage sale（ガレージセール）」**といって、引越しでいらなくなった家具などを自宅のガレージや庭先などで売っています。

「時制」

Point 6 ● 不規則動詞変化表

1．A−A−A型（無変化）

原　　形	過　去　形	過去分詞形	意　　味
cut	cut	cut	切る
read [リード]	read [レッド]	read [レッド]	読む

2．A−B−A型（原形＝過去分詞形）

原　　形	過　去　形	過去分詞形	意　　味
come	came	come	来る
run	ran	run	走る

3．A−B−B型（過去形＝過去分詞形）

原　　形	過　去　形	過去分詞形	意　　味
①d−t−t			
build	built	built	建てる
send	sent	sent	送る
②ay−aid−aid			
pay	paid	paid	支払う
say	said	said	言う
③ell−old−old			
sell	sold	sold	売る
tell	told	told	話す
④○−aught[ought]−aught[ought]			
teach	taught	taught	教える
buy	bought	bought	買う
⑤○−e−e			
hold	held	held	つかむ
meet	met	met	会う
⑥○−e・t−e・t			
keep	kept	kept	保つ
leave	left	left	去る

⑦その他			
have	had	had	持っている
make	made	made	作る

4．A−B−C 型（原形、過去形、過去分詞形がすべて違う）

原　　形	過 去 形	過去分詞形	意　　味
①i−a−u			
begin	began	begun	はじめる
drink	drank	drunk	飲む
②e−o−o・n			
get	got	got[gotten]	得る
forget	forgot	forgotten	忘れる
③i−o−i・n			
drive	drove	driven	運転する
write	wrote	written	書く
④○−o−o・n			
break	broke	broken	壊す
speak	spoke	spoken	話す
⑤○−ew−own			
fly	flew	flown	飛ぶ
know	knew	known	知っている
⑥○−□−○・n			
see	saw	seen	見える
take	took	taken	取る
⑦その他			
be　am / is	was	been	〜です
are	were		
do	did	done	する
go	went	gone	行く

2時間目

「時制」

過去形の否定文と疑問文

Key Sentence ❼

Did she play ◯ tennis yesterday?
彼女は昨日テニスをしましたか？

 次の文をそれぞれ「**否定文**」と「**疑問文**」にかえてみて。

例
① She played tennis yesterday.
（彼女は昨日テニスをした）
② Tom met Mary last night.
（トムは昨夜メアリーに会った）

① She didn't play tennis yesterday.（否定文）
　Did she play tennis yesterday?（疑問文）
② Tom didn't meet Mary last night.（否定文）
　Did Tom meet Mary last night?（疑問文）
これでどうですか？

先生 いいね〜。完璧完璧！（拍手）

ゆり ホントはもう少しで、3単現の「s」のときと同じ間違いをするところでした（笑）。

先生 過去も現在と同じように、**否定文と疑問文では動詞はすべて「原形」になる。**だから、「played」は「play」に、「met」は「meet」に戻るんだね。

過去の文とともによく使われる語句

ここだけは押さえよう!

① **last〜**　例　last week（先週）
　　　　　　　　last month（先月）
　　　　　　　　last year（昨年）
　　　　　　　　last night（昨夜）　など

② **〜ago**　例　two weeks ago（2週間前に）
　　　　　　　　many years ago（何年も前に）　など

③ **その他**　例　yesterday（昨日）
　　　　　　　　the other day（先日）
　　　　　　　　one day（ある日）
　　　　　　　　then（そのとき）　など

ミニ英会話　②

A：Is that your car?（あれはあなたの車?）
B：Yes, it is.（うん、そうだよ）
A：When did you get it?（いつ買ったの?）
B：**Two months ago.**（2カ月前なんだ）

A：Did you go to France **last year**?
　（去年フランスへ行ったの?）
B：Yes, I did.（うん、行ったよ）
A：Which city did you visit?（どの都市へ行ったの?）
B：Paris.（パリさ）

「時制」

未来の will の使い方

Key Sentence ❽

I will go to America next summer.

私は来年の夏にアメリカへ行くつもりだ。

先生　未来の話に入るよ。未来のことを表すには、どんな単語を使えばよかった？

ゆり　「**will**」や「**shall**」です。

先生　うん、そうだね。それじゃ、次の①②を「**未来形**」にして、②はさらに「**否定文**」と「**疑問文**」にしてもらおうか。

> 例
> ① I study English every day.（私は毎日英語を勉強する）
> ② She plays the guitar well.（彼女はギターを上手に弾く）

ゆり　① I will study English every day.（未来形）

② She will play the guitar well.（未来形）

She will not play the guitar well.（否定文）

Will she play the guitar well?（疑問文）です。

先生　うん、すべて OK だね。特に、②の「play」に「s」をつけなかったのが、何といってもすばらしい！

ゆり　「will play」や「will go」など、中学のときに習った言葉が自然に出てきましたからね（笑）。

Point 7 ● 未来形＝主語＋will＋動詞の原形

① 単純未来（単なる未来）～だろう
　　例 It **will rain** tomorrow.（明日は雨が降るだろう）

② 意志未来（話し手・主語の意志）～するつもりだ
　　例 I **will visit** him next month.
　　（私は来月彼を訪ねるつもりだ）

否定文　主語＋will not（＝won't）＋動詞の原形
疑問文　Will＋主語＋動詞の原形～？
　　　　　Yes, 主語＋will.
　　　　　No, 主語＋will not（＝won't）.

先生　「未来形」で最も大切なことは、**「will」の後にくる動詞が「原形」ということ**だね。

ゆり　先生、**Point 7** には「shall」が入ってませんけど…。

先生　「shall」は会話でよく使う**「Shall I ～?」「Shall we ～?」**の2つの疑問形だけを覚えておけばいいんだ。**残りは、人称、単数・複数、否定文・疑問文にかかわらず「will」を使えばいいんだから。**

ゆり　「I」と「we」の疑問文以外だから、「I will ～」「We will ～」「He will ～」「Will you ～?」「Will they ～?」など、すべて「will」を使えばいいんですね。

先生　その通り。あと、**「依頼」と「勧誘」を表す「Will you ～?」**を加えた、次の3つを復習しておけばバッチリだね。

> ここだけは押さえよう！

Shall I〜? / Shall we〜? / Will you〜?

① **Shall I 〜?**（私が）〜しましょうか？　※相手の意向を聞く。

　例　**Shall I** open the window?（窓を開け**ましょうか？**）
　　　Yes, please.（はい、お願いします）
　　　No, thank you.（いいえ、結構です）

② **Shall we 〜?**（私たちは）（一緒に）〜しましょうか？
　　　　　　　　　　　　　　　※仲間の意向を聞く。

　例　**Shall we** go there?（一緒にそこへ行き**ましょうか？**）
　　　Yes, let's.（はい、そうしましょう）
　　　No, let's not.（いいえ、やめましょう）

③ **Will you 〜?**
　(1)（あなたが）〜してくれませんか？　※相手に依頼する。

　例　**Will you** open the window?
　　　（窓を開け**てくれませんか？**）
　　　Yes, I will [All right].（はい、いいですよ）
　　　No, I won't.（いいえ、だめです）

　(2)（あなたが）〜しませんか？　※相手を勧誘する。

　例　**Will you** have some tea?（お茶は**いかがですか？**）
　　　Yes, please.（はい、お願いします）
　　　No, thank you.（いいえ、結構です）

ミニ英会話 ③

A : **Will** it rain tomorrow?（明日、雨が降る？）
B : No, it **will not** [**won't**].（いや、降らないだろう）

A : When **will** the concert begin?
　（コンサートはいつはじまるの？）
B : At 7:00.（7時です）

Column

▶キャ～、サインして～！

外国の芸能人やスポーツ選手が日本へ来ると、
May I have your sign?
といって回りをワッと取り囲む光景をよく見かけますが、これは正しい英語の使い方ではありません。「sign」を「autograph」にかえて
May I have your autograph?（サインをしてくれませんか？）
と頼んでみましょう。

相手はニッコリと微笑んで、サインをくれるかもしれません。なお**「sign」**は、書類などに**「署名する」**という**動詞**です。また、**「署名」**に当たる**名詞**は**「signature」**になります。

be going to の使い方

Key Sentence ❾

What **are** you **going to** do tomorrow?
あなたは明日、何をするつもりですか？

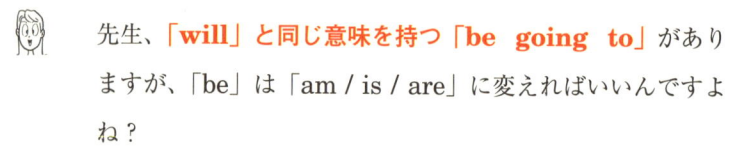

👧 先生、「**will**」と同じ意味を持つ「**be going to**」がありますが、「be」は「am / is / are」に変えればいいんですよね？

👨 そう。「be動詞」は主語に合わせて「I am going to」や「He is going to」になるんだ。「**肯定文・否定文・疑問文**」をまとめておこうか。

Point 8 ●「be going to」＝「will」

① I **will** play tennis tomorrow.
 ＝I **am going to** play tennis tomorrow.
 （私は明日テニスをするつもりだ）

② He **won't** play tennis tomorrow.
 ＝He **isn't going to** play tennis tomorrow.
 （彼は明日テニスをするつもりはない）

③ **Will** you play tennis tomorrow?
 ＝**Are** you **going to** play tennis tomorrow?
 （あなたは明日テニスをするつもりですか？）

> ここだけは押さえよう！

未来の文とともによく使われる語句

- ① **tomorrow** 　例 tomorrow morning（明日の朝）など
- ② **next ~** 　例 next week（来週）
　　　　　　　　next month（来月）
　　　　　　　　next year（来年）など
- ③ **this ~** 　例 this year（今年）
　　　　　　　this afternoon（今日の午後）など
- ④ **その他** 　例 some day（いつか）など

2時間目

CD 13 ミニ英会話 ④

A：What are you going to do **this summer**?
（この夏、何をする予定？）
B：I'm going to France.（フランスへ行くつもりなんだ）
A：Do you speak French?（フランス語しゃべれるの？）
B：Yes, a little.（うん、ちょっとだけね）

A：Will you play tennis with me **this afternoon**?
（今日の午後、私とテニスしない？）
B：No, I can't. I have something to do today.
（ダメなんだ。今日、することがあるから）

A：What are you going to do **tomorrow**?
（明日何する予定なの？）
B：I'm going to clean my room.（部屋をそうじするつもりなんだ）
A：Shall I help you?（手伝いましょうか？）
B：Yes, please.（うん、お願い）

「時制」

進行形の作り方

Key Sentence ⓾

Tom and Alice **are walking** in the park.

トムとアリスは公園を散歩しているところだ。

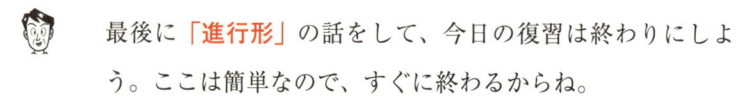

> 最後に「**進行形**」の話をして、今日の復習は終わりにしよう。ここは簡単なので、すぐに終わるからね。

> 「進行形」というのは、「ただいま恋愛進行中」の「進行」のことですね（笑）。

先生　ハハハ！　まさにその通り。つまり、「**現在進行形**」とは、「**現在ある動作が行われている真っ最中**」ということになるね。

Point 9 ● 進行形＝be 動詞＋動詞の ing 形

① **現在進行形**　〈am / is / are ＋ ing〉
「～している」「～しているところだ」
※現在ある動作が行われている最中であることを表す

② **過去進行形**　〈was / were ＋ ing〉
「～していた」「～しているところだった」
※過去のある時点に動作が進行していたことを表す

先生　1つだけ注意しておくと、**現在の時点における動作の進行は「am / is / are ＋ ing」で、過去のある時点における動作の進行は「was / were ＋ ing」になる。**

今度は、次の文を進行形にしてごらん。

> **例**
> ① Mary makes a doll.（メアリーは人形を作る）
> ② They don't swim in the river.（彼らは川で泳がない）
> ③ Did Tom play tennis yesterday?
> （トムは昨日テニスをしましたか？）

ゆり ① Mary is making a doll.

② They aren't swiming in the river.

③ Was Tom playing tennis yesterday?　です。

先生 どう？　自信はある？

ゆり 何となくあるけど…。

先生 う〜ん、よくできてるんだけど、おしいね〜。ほんの1カ所だけなんだ。②を見てごらん。

ゆり ？？？

先生 「**swim**」は語尾が「**短母音＋子音字**」で終わるから、「**m**」を重ねて「**ing**」をつける必要があるんだ。**Point 5** の④（→p.31参照）と同じルールが適用されるから。だから①と③は正解で、②は「swiming」を「swimming」に直せば正しくなる。この「〜ing 形」の作り方は次のページで表にしてあるので、しっかり復習しておこう。

ゆり はい。

先生 1つ言い忘れたけど、**進行形にできない動詞**も少しだけあるんだ。**状態を表す動詞**「know（知っている）」「like（好きである）」「have（持っている）」などは進行形にしない

のが普通だね。ただし、「have」が「食べる」という意味のときは、進行形にできるからね。

Point 10 ● 「ing」のつけ方

① 〈動詞〉の語尾＋ing
　例　walk（歩く）→ walking　など
② 〈e〉の語尾 →「e」を取って＋ing
　例　live（住む）→ living　など
　例外　see（見える）→ seeing（「e」を取らない）
③ 〈短母音＋子音字〉の語尾 →子音字を重ねて＋ing
　例　swim（泳ぐ）→ swimming　など
④ 〈ie〉の語尾 →「ie」を「y」にかえて＋ing
　例　lie（横になる）→ lying
　　　die（死ぬ）→ dying
　　　tie（結ぶ）→ tying

Column

▶スープは食べるもの？

「スープを飲む」というのは、英語でどういえばいいのでしょうか？

スプーンを使って口に入れる場合には「eat soup」、カップなどから直接飲む場合には「drink soup」といいます。また、飲み方にかかわらず「have soup」ともいいます。どちらにしても、音を立てて飲むのはエチケットに反するものとして嫌われます。

Q1：動詞の過去形を書いてみよう！

① study
② come
③ stop
④ make
⑤ take

Q2：（　）内から適する語を選んでみよう！

① (Shall / Will / Am) I go with you?
② (Do / Are / Will) you going to play tennis tomorrow?
③ (Will / Did / Does) she come here last Sunday?
④ (Will / Shall / Are) we play tennis this afternoon?
   Yes, (let's / let's not).
⑤ She (reads / reading / read) for an hour last night.
⑥ He (goes / went / will go) to church a week ago.
⑦ They (aren't / won't / don't) watching TV now.
⑧ (Shall / Will / Were) you help me, Tom?

A1：

① **studied** ② **came** ③ **stopped** ④ **made** ⑤ **took**

A2：

① **Shall**（訳：ご一緒しましょうか？）
「Shall I ～ ?」（私が）～しましょうか？

② **Are**（訳：あなたは明日、テニスをするつもりですか？）
「be going to = will」～するつもりだ

③ **Did**（訳：彼女はこの前の日曜日に、ここへ来ましたか？）
「last Sunday」があるから「Did」。

④ **Shall**（訳：今日の午後、テニスをしましょうか？）
　let's（訳：はい、そうしましょう）
「Shall we ～ ?」（一緒に）～しましょうか。

⑤ **read**（訳：彼女は昨夜、1時間読書した）
「last night」があるから過去形「read［レッド］」。

⑥ **went**（訳：彼は1週間前に教会へ行った）
「a week ago」があるので「went」。

⑦ **aren't**（訳：彼らは今、テレビを見ていない）
「now」と「watching」から現在進行形「aren't」。

⑧ **Will**（訳：トム、私を手伝ってくれませんか？）
「Will you ～ ?」（あなたが）～してくれませんか？

3時間目

おしゃれな会話の宝庫 「助動詞」

> May I have your cake?

気の利いた質問をするには？

　会話をスムーズに展開するには助動詞の知識が不可欠です。ここでは、相手に頼んだり、やさしく命令したりする表現を復習しましょう。よく使う会話表現も、いっぱい出てきます。
　きっと、すてきな出会いがありますよ！

助動詞の基本

Key Sentence ⓫

May I see your passport, please?
パスポートを見せてください。

先生: ところで、今まで2回分の Questions & Answers をやってみてどうだった？

ゆり: 解いてみてビックリです。すっかり忘れてたところも、このレッスンで復習してから、全部できました。

先生: それはよかった。何といっても、**以前一度習ってることばかり**だからね。それじゃ、この時間は「助動詞」をやっていこう。助動詞ってどんな働きをすると思う？

ゆり: え～っ？ 働きといわれても…。

先生: じゃ、質問を変えて、どんな助動詞を知ってる？

ゆり: 「can」や「may」です。

先生: うん、そうだね。他には？

ゆり: そういえば「must」も習った記憶が…。

先生: まあ、この3つが**代表的な助動詞**になるね。では、**助動詞の働き**を説明しておこう。助動詞という字をよく見ると、「動詞を助ける」と読めるね。だから、「動詞の働きを助ける語」ということになる。

ゆり: 動詞の働きを助けるとは、どういうことですか？

先生 たとえば、「swim」という動詞は「泳ぐ」としか訳せないけど、「can swim」は「泳ぐことができる」、「may swim」は「泳いでもよい」、「must swim」は「泳がなければならない」のように**動詞の訳し方に幅をもたせることができる**。つまり、助動詞を動詞の前に置くことで、**動詞の意味の範囲を広げる**ことができるんだ。

ゆり 助動詞は大切な働きをしてるんですね。

Point 11 ● 助動詞の基本

① **動詞の前に置き、動詞の働きを助ける語**
　（主語＋助動詞＋動詞の原形の語順）
② **助動詞は主語が何であっても変化しない**
　（3単現の「s」はつかない→×He cans ～.）
③ **助動詞は2つ重ねない**
　（×I will can ～. ×He will must ～.）

先生 注意してほしいのは、**助動詞の後には必ず動詞の原形がくる**ということ。主語が「He / She / It」の場合でも、主語と動詞の間に助動詞が入ることで「s(es)」は消えてしまうからね。例をあげると、①がもちろん正解だけど、②や③のような間違いをしてしまう人もけっこういるんだ。

例

○ ① He can swim well.　（彼は上手に泳げる）
× ② He can swims well.
× ③ He cans swim well.

先生 それから、**助動詞が2つ並ぶことは絶対にない**からね。こ

　　　　れは「will」の後に「can」と「must」の意味がくること
　　　　が多いので、この2つを押さえておけば簡単さ。ところで、
　　　　「can」と同じ意味の熟語を覚えてる？

(ゆり) はい、中学のときに「be able to」を習いました。

先生 それじゃ、「must」と同じ意味は？

(ゆり) これも中学で「have to」を覚えました。

先生 この2つの熟語を使えば、それぞれ「will be able to（〜
　　　することができるだろう）」と「will have to（〜しなけ
　　　ればならないだろう）」で表すことができる。

(ゆり) ところで先生、「will」も助動詞なんですね。

先生 もちろんだよ。動詞の前に置かれ、「行くだろう、行くつも
　　　りだ」と動詞の働きを助けてるからね。

Column

▶「テレビゲーム」は英語？

　世はまさに"テレビゲーム時代"。子どもはもちろん、大人までが熱中しています。ところで、この「テレビゲーム」、実は和製英語で、英語では「video game」といいます。他にも、娯楽に関する和製英語に「ジェットコースター」がありますが、「roller coaster」[ロウラァコウスタァ]が正しい英語です。「カタカナ英語」は、できるだけ辞書で確認するようにしましょう。

助動詞 can の使い方

Key Sentence ⑫
Can I help you?
何を差し上げましょうか？

まず、「can」の使い方をまとめておこう。

Point 12 ● can（過去形は could）

① 能力　〜することができる
- 現在形　can = be [am / is / are] able to
  - 例 I **can** swim well.
  - = I **am able to** swim well.
  - （私は上手に泳げる）
- 過去形　could = be [was / were] able to
  - 例 I **could** swim well yesterday.
  - = I **was able to** swim well yesterday.
  - （私は昨日上手に泳げた）
- 未来形　will be able to
  - 例 I **will be able to** swim well tomorrow.
  - （私は明日上手に泳げるだろう）

② 可能性　（否定文の形で）〜のはずがない
  - 例 The story **can't** be true.
  - （その話は本当のはずがない）

先生、「can't」に「〜のはずがない」という意味があるなんて、すっかり忘れてました。

先生 でも、実際には「〜できない」という意味で使うことのほうが多いんだ。**「〜のはずがない」の場合は「can't be」の形が多い**ので、この形をヒントにするといいね。

Column

▶「cooker」って「人」、それとも「道具」？

「-er」や「-or」を使って「人」を表す**「接尾辞」**があります。たとえば、「teacher（先生）」「visitor（訪問者）」などです。

すると、「cooker」は「料理人」という意味になるのでしょうか？ 答えはNOです。これは、**オーブン、ガスレンジなどの料理用具**のことなのです。では、人は何といえばいいのか？ コックさんという日本語から推測してください。つまり、料理をする人は**「cook（[クック] と発音)」**といいます。

ミニ英会話 ⑤

A : **Can** you meet me on Saturday?（土曜に会える？）
B : I'm sorry I **can't.**（残念だけど、会えないよ）

A : **Can** I take this one?（これ、もらっていい？）
B : Certainly.（いいとも）

A : **Can** I borrow your pencil?
　（あなたの鉛筆を借りてもいい？）
B : Sure, here you are.（もちろん。さあ、どうぞ）
　※「Here you are.」は、相手に物を差し出すときの決まり文句

《電話で》
A : Hello. This is Mary speaking. **Can** I speak to Tom?
　（もしもし、メアリーです。トムをお願いします）
B : I'm sorry, but he's out now.
　（申し訳ありませんが、彼は今外出中です）

《店で》
A : **Can** I help you, sir?（何を差し上げましょうか？）
B : Yes. I'm looking for a sweater.
　（ええ、セーターを探してるのですが）
A : What color do you like?（何色がよろしいですか？）
B : I like red.（赤ですね）

「助動詞」

助動詞 may の使い方

Key Sentence ⓭

You **may** go with me.
あなたは私と一緒に行ってもよい。

先生： 次は「**may**」の使い方にいこう。「may」の2つの意味は覚えてる？

ゆり： ええ〜っ、2つですか？ 1つなら知ってるんですけど…。

先生： 1つなら、誰でも知ってるんだ（笑）。「may」と「must」に関しては、2つの意味が口からスラスラと出て、はじめて本当に覚えたといえるんだよ。

ゆり： う〜ん…、やはり1つしか思い出せません（小声で）。

先生： それじゃ、今から「**may**」と「**must**」の**2つの意味の覚え方**を教えておこう。「may」も「must」も2つの意味をただくっつけて、「**してもよいかもしれない**」と「**しなければならないにちがいない**」と、何度も繰り返す。

ゆり： なんとか意味は通じますね（笑）。

先生： ちょっと苦しいけどね（笑）。もっといい方法は、**何か文章にしてしまうこと**だね。ところで、カラオケは好き？

ゆり： もちろん、大好きです。仕事の後に友だちと飲みに行くと、そのままカラオケに繰り出すんです（笑）。

先生： こりゃまたすごいね。それじゃ、歌を練習する場面なんか

を作り出すといいよ。何か考えてごらん。

(ゆり) 先生、考えましたけど…。こんなのはどうでしょう？

> 「夜の海岸は人がいないから、
>   大声で歌の練習を**してもよいかもしれない**」(**may**)
> 「近所迷惑なので、家の中では
>   小声で練習**しなければならないにちがいない**」(**must**)

(先生) なかなかよくできてるね〜。さすが"カラオケの達人"だ。

(ゆり) 英語の勉強には、カラオケだって結構役立つものなんですね（笑）。

(先生) ハハハハ！　まあ、そういうことにしておこう。

Point 13 ● may（過去形は might）

① 許可　〜してもよい
  例 You **may** swim.（あなたは泳いでもよい）
  may not 不許可　〜してはいけない
  例 You **may not** swim.（あなたは泳いではいけない）

② 推量　〜かもしれない
  例 The story **may** be true.
  （その話は本当かもしれない）
  may not　〜でないかもしれない
  例 The story **may not** be true.
  （その話は本当でないかもしれない）

「助動詞」

ミニ英会話 ⑥

《店で》

A : **May** I take your order, please?（ご注文は？）
B : Yes. I'll have a hamburger and orange juice.
　　（ええ。ハンバーガーとオレンジジュースをお願い）
A : Anything else?（他には何か？）
B : I'll have French fries, too.（フライドポテトもね）

《空港で》

A : **May** I see your passport, please?
　　（パスポートを拝見します）
B : Sure. Here it is.（もちろん。はい、どうぞ）
A : What's the purpose of your visit?（入国の目的は？）
B : Just sightseeing.（観光です）

Column

▶「東京都民」は英語で何という？

「東京都民」は英語で何といえばいいのかご存じですか？ 「Tokyo」に何か「接尾辞」をくっつけてみましょうか。「-er」？ 「-or」？ それとも…。正解は**「Tokyoite」**です。**「接尾辞」**をいくつか紹介しておきましょう。

-er	teacher（先生）	-or	actor（男優）
-ant	assistant（助手）	-ian	musician（音楽家）
-ist	novelist（小説家）		

助動詞 must の使い方

Key Sentence ⓮

You **must** sing.
あなたは歌わなければならない。

Point 14 ● must

① 義務・当然　〜しなければならない
- 現在形　must = have [has] to
  例 I **must** swim.
  　= I **have to** swim.
  　（私は泳がなければならない）
  例 A：**Must** I start now?
  　　　（今出発しなければならないのですか？）
  　　B：No, you **don't have to**.
  　　　（いいえ、その必要はありません）
  ※「Must I〜?」に対する否定の答えは「No, you don't have to.」を使う（禁止を表す「No, you must not.」ではない）。なお、口語では「must」より「have to」の方がよく使われる。
- 過去形　had to
  例 I **had to** swim yesterday.
  　（私は昨日、泳がなければならなかった）
- 未来形　will have to
  例 I **will have to** swim tomorrow.
  　（私は明日、泳がなければならないでしょう）

② 強い推量　〜にちがいない
  例 The story **must** be true.
  　（その話は本当にちがいない）

「助動詞」

すでに知ってると思うけど、**「must」の過去形はない**からね。たまに、「musted」という人がいるから気をつけてほしい。もちろん、**正しい形は「had to」**だからね。

ミニ英会話 ⑦

A：Do I **have to** take an umbrella with me?
（かさを持って行く**必要があるの**？）
B：Yes, it **may** rain.
（うん、雨が降る**かもしれない**から）
No, you **don't have to**.（いや、その**必要はない**）

A：How about playing tennis with me?
（一緒にテニスをしない？）
B：I'm sorry, but I can't play now. I **have to** go home right away.
（ごめん、今はダメなんだ。今すぐ家に帰ら**なくちゃいけない**から）
※right away「すぐに」

One Point Lesson 助動詞の書きかえ

中学のとき、こんなのやった覚えはないですか？　そう、書きかえですよ、書きかえ。あの頃は、イヤだった人も多いでしょう。でも、今は違うはず。おさらいして、ほとんど思い出したんですから。ここでちょっとだけ、チェックしてみませんか？

---

① I **can** ride a bicycle.（未来に）
　（私は自転車に乗ることができる）
→ I （　）（　）（　）（　） ride a bicycle soon.

② You **must** go now.（未来に）
　（あなたは今、行かなければならない）
→ You （　）（　）（　） go tomorrow.

③ I **must** write a letter.（過去に）
　（私は手紙を書かなければならない）
→ I （　）（　） write a letter.

④ We **will** study English tomorrow.（未来を表す他の表現に）
　（私たちは明日、英語を勉強するつもりだ）
→ We （　）（　）（　） study English tomorrow.

---

① （未来）will be able to　② （未来）will have to
③ （過去）had to　　　　　④ （未来）are going to

その他の助動詞

ここだけは押さえよう！ need / should / would

① **need** 〜する必要がある
   need not = don't [doesn't] have to 〜する必要はない
   例 You **need not [don't have to]** study today.
   （君は今日、勉強**する必要はない**）
② **should**（義務・当然）〜すべきである
   例 You **should** study harder.
   （君はもっと一生懸命に勉強**すべきだ**）
   should not 〜すべきではない
③ **Would you 〜?** 〜していただけませんか？
   Would you like 〜? 〜はいかがですか？
   ※「Would」は過去を意味するのではなく、丁寧な質問表現

ミニ英会話 ⑧

A: **Would you** pass me the salt, please?
   （塩をとっていただけませんか？）
B: Here you are.（はい、どうぞ）

A: **Would you like** some more coffee?
   （コーヒーをもう少しいかがですか？）
B: Yes, please.（はい、お願いします）
   No, thank you.（いいえ、もう結構です）

命令文と Let's の文

Key Sentence ⓯
Let's go for a walk.
散歩に行きましょう。

3時間目

次は「**命令文**」の説明に入るよ。文というのは、「**主語**」と「**動詞**」があるのがふつうだけど、**命令文は主語の「You」を省略してしまう**。それは、命令する相手が「話し相手（You）」に決まってるからなんだ。このように命令文は、主語を使わず**動詞の原形ではじめる**のが大きな特徴だ。

では、次の文を「命令文」にかえてごらん。

> 例
>
> ① You must study English hard.
> 　（あなたは英語を一生懸命に勉強しなければならない）
> ② You are kind to your friends.
> 　（あなたは友だちに親切だ）

主語をなくせばいいから…

① Study English hard.

② Are kind to your friends.　でしょうか？

先生　ちょっと、おしかったね。命令文を作るときのポイントは、たった2つしかないんだ。それは、**主語の「You」を消す**ことと、**動詞を「原形」に直す**（動詞の「原形」ではじめ

「助動詞」　63

る）こと。どう、思い出した？ ②はどこかおかしくない？

(ゆり) あっ！　わかりました。「Are」を原形にしなくちゃ。「Are」の原形は、たしか「Be」でしたね。

(先生) その通り。特に「be動詞」ではじまる文に気をつければ、あとは何の問題もない。それから「否定の命令文」は、動詞の原形の前に「Don't」や「Never」を置けばいいんだ（①は正解。②は「Are」を「Be」に訂正する）。

Point 15 ● 命令文の作り方

① 動詞の原形〜　〜しなさい
　例　**Open** the window.（窓を開けなさい）
　　　Be kind to your friends.（友だちに親切にしなさい）

② **Don't**＋動詞の原形〜（禁止）〜してはいけない
　例　**Don't open** the window.（窓を開けてはいけない）
　Never＋動詞の原形〜（強い禁止）決して〜してはいけない
　例　**Never tell** a lie.（決してうそをついてはいけない）

③ **Let's**＋動詞の原形〜（勧誘）〜しましょう
　例　A：**Let's go** for a walk.（散歩に行きましょう）
　　　B：Yes, let's.（はい、そうしましょう）
　　　　　No, let's not.（いいえ、よしましょう）

(先生) ③の「**Let's 〜**」は「未来」のところでやった「**Shall we 〜？**」とだいたい同じ意味（→p.40参照）になるから、きちんと押さえておこう。

ミニ英会話 ⑨

A: Tom, **come** here and **help** me.
　（トム、こっちへ来て手伝って）
B: All right.（わかったよ）

A: **Pass** me the salt, please.（塩をとっていただけませんか？）
B: Here you are.（はい、どうぞ）

A: Please **show** me this book.
　（この本を見せてちょうだい）
B: Sure. Here you are.（いいよ。はい、どうぞ）

A: **Let's have** lunch together today.
　（今日は一緒にお昼を食べましょう）
B: OK. **See you** at twelve.（いいよ。12時に会おう）

3時間目

Column

▶7P.M. or P.M.7?

　喫茶店、美容院などの開店・閉店時間でおなじみの「A.M.」と「P.M.」。繁華街を歩いていると、「A.M.7」「P.M.11」など、間違った標示が目立ちます。正しくは「**7A.M.**」「**11P.M.**」。

　日本での生活が長い英国出身の大学教授に意見を伺うと、「日本の店では、A.M.とP.M.を英語の単語としてではなく一種のマークとして、単なるデザイン感覚で使っているのではないか」という感想でした。

　みなさんはどう思われますか？

「助動詞」

命令文, and 〜／命令文, or 〜

Key Sentence ⓰

Hurry up, or you will be late for school.

急ぎなさい、さもないと学校に遅れますよ。

先生　「…しなさい、そうすれば〜」や「…しなさい、さもないと〜」という命令文の言い方は、ちゃんと覚えてる？

　　　学校で習った記憶があります。

先生　それじゃ、2つを比較してまとめておこう。

Point 16 ● 命令文＋, and 〜／命令文＋, or 〜

① 命令文＋, **and** 〜　…しなさい、そうすれば〜　※良い内容。
　例 **Start** at once, **and** you will catch the train.
　（すぐに出発しなさい、そうすれば列車に間に合いますよ）

② 命令文＋, **or** 〜　…しなさい、さもないと〜　※悪い内容。
　例 **Start** at once, **or** you won't catch the train.
　（すぐに出発しなさい、さもないと列車に乗り遅れますよ）

先生　例文を見たら納得すると思うけど、「**and**」の後には相手にとって「**良い内容**」が続き、「**or**」の後には「**悪い内容**」が続くということだね。

ゆり　そうですね。つまり、「**and**」は「列車に間に合う」で、「**or**」は「間に合わない」ですね。

Questions & Answers

Q：誤りを直してみよう！

① Mary mays go home with her sister.

② She can plays the piano.

③ He will must wash his car tomorrow.

④ Did you able to read English well yesterday?

⑤ Start at once, or you will catch the train.

A：

① **mays→may**（訳：メアリーは妹と帰宅してもよい）
「may」は助動詞だから3人称単数の「s」はいらない。

② **plays→play**（訳：彼女はピアノが弾ける）
助動詞「can」＋動詞の原形

③ **must→have to**
（訳：彼は明日、車を洗わなければならないだろう）
助動詞を2つ並べることはできない。

④ **Did→Were**（訳：あなたは昨日英語をうまく読めましたか？）
「able to＋動詞の原形」があるので「Were」。

⑤ **or→and**
（訳：すぐに出発しなさい、そうすれば列車に間に合うよ）
「命令文＋，and [or]〜」…しなさい、そうすれば［さもないと］〜

「助動詞」 **67**

Column

▶「ワンちゃん」「ブーちゃん」幼児語いろいろ

日本では小さな子どもは「〜ちゃん」と幼児語を使います。同じような言い方を英語では単に「y」をつけることで表せます。

dog（犬）→dog**gy**「ワン**ちゃん**」
pig（ブタ）→pig**gy**「ブー**ちゃん**」
dad（お父さん）→dad**dy**「お父**ちゃん**」
mom（お母さん）→mom**my**「お母**ちゃん**」

なんとなくかわいらしい感じになりますね。

4時間目

クローズアップ「名詞」

「名詞」だって注目されたい！

　動詞に比べて軽んじられている「名詞」。でも、名詞だけ並べても十分意味は通じます！

　「無生物主語」という、英語独特の表現法もあります。そんな「名詞」にもスポットライトを！

数えられる名詞と数えられない名詞

Key Sentence ⓱
Love is blind.
あばたもえくぼ。《ことわざ》

- この時間は、まず「**名詞**」から説明しようか。名詞って聞くと、どんな単語を思い浮かべる？

- え〜と、「dog」「desk」「book」…、そうだ、「Tokyo」なんかも名詞じゃないですか？

- 先生：うん、そうだね。名詞には「**数えられるもの**」と「**数えられないもの**」の2種類があるんだ。数えられる名詞には、さっきあげてくれた最初の3つがあり、数えられない名詞には、「Tokyo（東京）」「water（水）」「love（愛）」などがある。

- ゆり：「Tokyo」は1つしかないし、「water」は**形がない**ので、数えられないのはわかります。でも「love」は、イマイチよくわからないのですが…。

- 先生：なるほど。「love」というのは「**性質・状態・動作**」など、漠然として形のないものを表す名詞、つまり**抽象的な名詞**なので数えられないんだ。他にも、「beauty（美）」「peace（平和）」などがある。

- ゆり：そういわれると、何となくわかります。愛や美なんて、人

によって基準がバラバラですよね。同じ女性を見ても、美しいと感じる人もいれば、そう思わない人もいるし。

先生　その通りだね。だから、抽象名詞といわれているんだ。では、**名詞の種類**をまとめておくから、よく頭の中に入れておくこと。

ここだけは押さえよう！　名詞の種類

① **数えられる名詞（「a(an)」がついて、複数形がある）**
  (1) 1つ、2つと数えられる
    例 boy（少年）／flower（花）／book（本）など
  (2) 同じ種類の人・動物の集まり、グループを表す
    例 family（家族）／class（クラス）／team（チーム）など

② **数えられない名詞（「a(an)」がつかず、複数形がない）**
  (1) 1つしかないものの名を表す（人名、国名、地名、言語名、月、曜日、祝祭日など）。大文字ではじめる。
    例 Mary（メアリー）／Japan（日本）／English（英語）
    　 January（1月）／Sunday（日曜日）など
  (2) 一定の形をもたない物質を表す
    例 water（水）／milk（ミルク）／air（空気）など
  (3) 性質・状態・動作など漠然として形のないものを表す
    例 love（愛）／beauty（美）／peace（平和）など

物質名詞の数え方

Key Sentence ⓲

How about **another cup of coffee**?
コーヒーをもう1杯いかがですか？

🧑 前のページの表をもう一度見てみよう。(2)の「**物質を表す名詞**」については、**数え方**で気をつけてほしいことがある。たとえば、「water」なら「**a glass of water**（1杯の水）」、「coffee」なら「**a cup of coffee**（1杯のコーヒー）」という決まった言い方があるんだけど、覚えてる？

👧 覚えてます。でも、同じ「1杯の」という言い方で「glass」と「cup」が使い分けてありますよね。これは、どう考えたらいいんですか？

(先生) 熱いコーヒーを入れるときのことを考えてごらん。「glass（ガラスのコップ）」は使わないと思う。コップが壊れてしまうからね。つまり、**熱い液体を飲むときは「cup」、冷たい液体を飲むときは「glass」**を使うんだ。

(ゆり) なるほど。考えてみれば当たり前のことですね（笑）。

(先生) それじゃ、「2杯のコーヒー」はどういえばいい？

(ゆり) う〜ん…。そうだ、コーヒーには「s」がつかないから、多分「**two cups of coffee**」じゃないですか？

(先生) 自信なさそうだけど、結果オーライで正解だよ（笑）。

ここだけは押さえよう！　物質を表す名詞の数え方

① a cup of coffee [tea]（熱いもの）１杯のコーヒー［お茶］
② a glass of water（冷たいもの）１杯の水
③ a pair of gloves [shoes]　１組の手袋［くつ１足］
④ a piece of paper [chalk]　１枚の紙［１本のチョーク］
⑤ a slice of bread　パン１切れ
⑥ a bottle of wine　ワイン１本

複数形の作り方
a ___ of ~ ⇒ two [three] ___ s(es) of ~
　例　a glass of water ⇒ two glass<u>es</u> of water（２杯の水）

(ゆり)　ところで先生、水が「多い・少ない」はどういえばいいんですか？

(先生)　なかなかいい質問だね。「much」や「little」を使って「**much water**」「**a little water**」とすればいいんだ。もちろん「water」には「s」はつかない。数えられない名詞だからね。この「much」や「little」については、「形容詞」のところで詳しく説明するからね。

(ゆり)　「a ___ of ~」の「a」は「two / three / four / five…」と、いくらでも数を大きくすることができるんですね。

(先生)　そうだね。ただ、その後の「glass」などには「s(es)」（glassの後はes）をつけるのを絶対に忘れないこと。また、「paper」は「a sheet of」、「bread」は「a piece of」も使うからね。

「名詞」　73

Point 17 ● 複数形の作り方

① 単数形＋s
  例 dog（犬）→ dogs　など

② 〈s, x, ch, sh〉の語尾＋es
  例 bus（バス）→ buses, bench（ベンチ）→ benches　など

③ 〈子音字＋o〉の語尾＋es
  例 potato（ジャガイモ）→ potatoes　など
  ただし、〈後半が省略されてできた語＋o〉の語尾＋s
  例 piano（pianoforte）（ピアノ）→ pianos
  　　photo（photograph）（写真）→ photos
  　　radio（radioset）（ラジオ）→ radios　など

④ 〈子音字＋y〉の語尾→「y」を「i」にかえて＋es
  例 baby（赤ちゃん）→ babies　など
  ただし、〈母音字＋y〉の語尾＋s
  例 boy（少年）→ boys　など

⑤ 〈f, fe〉の語尾→「f, fe」を「v」にかえて＋es
  例 leaf（葉）→ leaves／knife（ナイフ）→ knives　など
  例外 chief（長）→ chiefs／roof（屋根）→ roofs　など

⑥ 不規則変化
  (1) 母音部分のつづりが変化
    例 man（男）→ men／woman（女）→ women
    　　foot（足）→ feet／tooth（歯）→ teeth　など
  (2) 「en」「ren」をつける
    例 ox（雄牛）→ oxen／child（子ども）→ children　など
  (3) 単複同形
    例 sheep（羊）→ sheep／deer（鹿）→ deer
    　　Japanese（日本人）→ Japanese　など

One Point Lesson 無生物主語

What made her do so?

あなたならこの文をどう訳しますか？　直訳すると「何が彼女をそうさせたのか？」(そういえば、昔こんなタイトルの映画がありましたね)、日本語らしくすると「彼女はなぜそうしたのか？」となります。この違いは、**主語が人間かそうでないか**です。

人間以外が主語になることを**「無生物主語」**といい、英語ではよく使われる言い回しです。この表現法を使えば、日本人の多くが悩む英語表現も**アッと驚くような名文**になります。このような**「目からウロコ」的な文**を、いくつか紹介しておきましょう。

> **例**
>
> ① **That bus** will **take** you there.
> 　そのバスがあなたをそこへ連れて行きます。《直訳》
> →そのバスに乗ればそこへ行けます。
> 　　※take「人を…へ連れて行く」
>
> ② **A short walk brought** me to the park.
> 　少しの散歩が私を公園へ導いた。《直訳》
> →少し歩くと公園へ出た。
> 　　※bring「人を…へ導く」(「brought」は過去形)
>
> ③ **This medicine** will **make** you feel better.
> 　この薬があなたをより良く感じさせるだろう。《直訳》
> →この薬を飲めば、気分が良くなるだろう。

人称代名詞の変化

Key Sentence ⑲
Whose piano is this?
これは誰のピアノですか？

先生: 次は「**人称代名詞**」に入ろう。これは、1時間目の「人称」のところで少し説明したね（→p.18参照）。

ゆり: 「**I / we / you / he / she / it / they**」の7つですね。

先生: よく覚えてたね。その7つは**人称・格・数によって形がいろいろと変化する**んだ。英語を話したり書いたりするときの大切なルールだから、次の表は完全に覚えてほしい。

ゆり: 先生、これは何かいい覚え方がありますか？ 中学のときの友人は、「アイ、マイ、ミー」を「アマイミ（甘い実)」などと暗記してましたけど。

先生: そうだね、ここはそんな覚え方をしなくても、「アイ、マイ、ミー、マイン。ユー、ユア、ユー、ユアズ。…」と、**リズムよく何度も繰り返せば、自然に覚えられる**と思うよ。

ゆり: それもそうですね。「シー、ハー、ハー、ハーズ」なんか、音楽的響きがあってけっこう覚えやすいですから。

先生: ただ、人称代名詞は覚えただけじゃダメなんだ。使いこなせなけりゃね。そのためにも、少し練習しておこうか。

ここだけは押さえよう！ 人称代名詞の変化表

単　数		主格 (は・が)	所有格 (の)	目的格 (を・に)	所有代名詞 (のもの)
1人称	私	I	my	me	mine
2人称	あなた	you	your	you	yours
3人称	彼	he	his	him	his
	彼女	she	her	her	hers
	それ	it	its	it	――

複　数		主格 (は・が)	所有格 (の)	目的格 (を・に)	所有代名詞 (のもの)
1人称	私たち	we	our	us	ours
2人称	あなたたち	you	your	you	yours
3人称	彼ら 彼女ら それら	they	their	them	theirs

4時間目

「名詞」

代名詞の所有格

Key Sentence ⑳
This is **her** bag.
これは彼女のバッグです。

次の①〜③は（ ）に適当な語を入れ、④と⑤は間違いを訂正してごらん。

例

① Is that (　　) bag? No, it isn't my bag.
② Is this your father's camera? Yes, it is (　　) camera.
③ What is your cat's name? (　　) name is Kitty.
④ This is a my dog.（これは私の犬です）
⑤ Is this Tom room?（これはトムの部屋ですか？）

①your ②his ③It's ⑤Tom→Tom's で、④は合ってるような気がします。

先生　それじゃ、④から説明していこう。まず、**「a / an」**は数えられる名詞の単数形の前につけて、**特に決まってない、はっきりしないもの**であることを表すんだ。たとえば犬はこの世にいくらでもいるけど、「a dog」はその中のどれか**「1匹の犬」**を指す。ところが、「my dog」や「this dog」は特定のはっきりした犬、つまり**「私の犬」「この犬」**を表すんだ。この違いはわかるね？

(ゆり) ええ、よくわかります。

(先生) だから、**不特定なものを表す「a / an」と、特定のものを表す「my / his / this / that」は一緒には使えないんだ。**

ここだけは押さえよう！ 「a / an」の使い方

「a / an」は「my（私の〜），his（彼の〜）」など所有格や「this（この〜），that（あの〜）」などと一緒には用いられない。
例 1匹の犬 → **a** dog
　　私の犬　 → **my** dog　× a my dog　× my a dog
　　この犬　 → **this** dog　× a this dog　× this a dog

(先生) それから、③の「It's」。ここはカン違いする人が本当に多いところだから、よく気をつけてほしい。さっきの「人称代名詞の変化表」（→p.77参照）をもう一度見てごらん。

(ゆり) あっ、そうだ！「Its」でした。「It's」は「It is」の短縮形ですから違いましたね（①②⑤は正解。③「Its」に訂正。④「a」を取る）。

ここだけは押さえよう！ 所有格＋名詞

名詞の所有格（〜の）⇒「〜's」
　名詞（単数）＋'s → **Tom's** book（トムの本）
　　　　　　　　　　my father's car（私の父の車）
　名詞（複数）＋' → the **boys'** house（その**少年たちの家**）

(先生) とにかく、所有格は「**所有格＋名詞（…の〜）**」の形を忘れないこと。では、次へ行こうか。

「名詞」

> **例の訳**
>
> ① あれはあなたのかばんですか？
>   いいえ、それは私のかばんではありません。
> ② これはあなたのお父さんのカメラですか？
>   はい、それは彼のカメラです。
> ③ あなたのネコの名前は何というのですか？
>   その名前はキティです。

Column

▶「女子校」を英語では？

英語で「女子校」や「女子大」はどういえばいいのでしょうか？ ここでは「'」の付け方に注意してください。

a <u>girls'</u> high school（女子校）　　　　×girl's
a <u>women's</u> college / university（女子大）　×womens'

「女子校」は「女生徒が複数いる高校」なので、「girls+'s」→「girls's」から重複している「s」を省いた形が正解です。

「wom<u>e</u>n」は「wom<u>a</u>n」の複数形なので、「women's」ですね。

代名詞の目的格

Key Sentence ㉑
I know him.
私は**彼を**知っている。

4時間目

復習する前に、**目的格の使い方**を思い出してほしい。目的格は次の2つの場合に使われるんだったね。

Point 18 ● 目的格の使い方

① 動詞の後に置く
  例 Do you **know my father**? 名
    (あなたは**私の父**を知っていますか？)
    Do you **know him**? 代
    (あなたは**彼**を知っていますか？)

② 前置詞の後に置く
  例 I play baseball **with my friends**. 名
    (私は**友だち**と野球をする)
    I play baseball **with them**. 代
    (私は**彼ら**と野球をする)

先生 ①に関しては、動詞(「know」)の後にくる名詞や代名詞を「**目的語**」といい、代名詞の場合は目的格が目的語になるんだ。

つまり、「**目的語＝目的格**」と考えていいんですね。

「名詞」 **81**

先生　そうだね。そして、動詞の中には**目的語をとる動詞（他動詞）**と、**とらない動詞（自動詞）**があるんだ。

> ここだけは押さえよう！
他動詞と自動詞

① **目的語を必要とする動詞（他動詞）**
　例　I **have** a pencil.　　（私は**鉛筆を**持っている）
　　　I **know** him.　　　　（私は**彼を**知っている）
　　　I **play** tennis.　　　（私は**テニスを**する）

② **目的語を必要としない動詞（自動詞）**
　例　I **go** to school.　　（私は学校へ行く）
　　　I **swim** in summer.　（私は夏に泳ぐ）

先生　①と②の動詞の違いを説明しておこう。①の動詞（他動詞）は**「〜を」や「〜に」などの意味をもともと動詞の中に含んでいる**。だから、動詞のすぐ後に目的語を置くだけで、意味のある文ができるんだね。「私は持っている」「私は知っている」「私はする」といっても、「鉛筆を」「彼を」「テニスを」が抜けてると、話を聞く人はまったく意味不明だからね。

ゆり　この目的語は「〜を」と訳せばいいのですね。

先生　そうだね。訳は「〜を」と「〜に」になるけど、**「を」と訳すほうがはるかに多い**。そして①の動詞（他動詞）を復習するときには、「〜を持っている」のように、**「〜を」まで入れて覚えなおしたほうがいいよ**。役に立つからね。

ゆり　そうですね。わかりました。

先生　②の動詞（自動詞）の場合には、「私は行く」「私は泳ぐ」

だけでも意味はわかるよね。でも、内容をもっと詳しく説明したかったら、**「to」や「in」**などの前置詞の力を借りて、「go to school」や「swim in summer」などの形にすればいいんだ。

ゆり 動詞の後に**「前置詞＋名詞」**をくっつければいいんですね。

先生 そうだね。②の動詞（自動詞）の後には、**「場所」や「時」などを表す語句**がよく使われるんだ。では、問題にトライしてもらおう。①～③は下線部を１語の代名詞にし、④と⑤は適当な語を選んでごらん。

例

① I like <u>Tom and Mary</u>.
② Do you know <u>my mother</u>?
③ She speaks <u>English</u> very well.
④ Does she help (their, them, they)?
⑤ She goes to the park with (him, his, he).

ゆり ①them ②her ③it ④them ⑤him です。

先生 すばらしい！　全問正解だね。おめでとう。この調子でどんどん先へ進もう！

例の訳

① 私はトムとメアリーが好きだ。
② あなたは私の母を知っていますか？
③ 彼女は英語をとても上手に話す。
④ 彼女は彼らを手伝いますか？
⑤ 彼女は彼と一緒に公園へ行く。

所有代名詞について

Key Sentence ㉒

This dress is **mine**.
この服は私のものです。

今日はここを説明して終わりにしよう。「**所有代名詞**」というのは、「〜のもの」という意味で「mine」を含めて6つの語があることは覚えてるね（→p.77参照）。

ここだけは押さえよう！ 所有代名詞

① **所有格＋名詞＝所有代名詞（〜のもの）**
  例 This is **my book**.→This book is **mine**.
   （これは**私の本**です）（この本は**私のもの**です）
   This is **his book**.→This book is **his**.
   （これは**彼の本**です）（この本は**彼のもの**です）

② **名詞の所有代名詞（〜のもの）⇒「〜's」**
  例 **Tom's** book（トムの本）＝**Tom's**（トムのもの）
  ※所有格と同じ形だが、あとに名詞がこない。

③ **「whose」の2つの使い方**
  (1)**Whose＋名詞〜？（〜は誰の…ですか？）**
  例 A：**Whose book** is this?（これは**誰の本**ですか？）
   B：It is **mine**.（それは**私のもの**です）
  (2)**Whose 〜？　　　（〜は誰のものですか？）**
  例 A：**Whose** is this book?（この本は**誰のもの**ですか？）
   B：It is **mine**.（それは**私のもの**です）

ええ、覚えてます。

先生 では、次の2つの文が同じ内容になるように、(　)に適当な語を入れてごらん。

> **例**
> ① This is your bag.　　　　　→ This bag is (　).
> ② Is this her piano?　　　　　→ Is this piano (　)?
> ③ This is my mother's book.　→ This book is my (　).
> ④ This isn't their house.　　　→ This house isn't (　).
> ⑤ Whose pencil is this?　　　→ (　)(　) this pencil?

ゆり ①yours ②hers ③mother's ④their's ⑤Whose is になります。

先生 どれどれ、見せてごらん。あれっ？　つい見逃しそうになったけど、④の答えは何だか変だよ。

ゆり あれっ、本当。③の「mother」に「'」をつけたので、つい④にも同じものをつけてしまいました。

先生 所有代名詞を「your's / her's / our's / their's」とするカン違いは、とても多いから注意すること。それじゃ、今日はここまでにしよう（④は「theirs」に訂正するのが正解）。

> **例の訳**
> ① このかばんはあなたのものです。
> ② このピアノは彼女のものですか？
> ③ この本は私の母のものです。
> ④ この家は彼らのものではありません。
> ⑤ この鉛筆は誰のものですか？

「名詞」

CD 32 ミニ英会話 ⑩

A: Is this **your** camera?
（これは**あなたの**カメラ？）
B: Yes, it's **mine**.（うん、僕のだよ）

A: Is that **your** book?（あれは**あなたの**本なの？）
B: No, it isn't.（いや、僕のじゃないよ）
A: **Whose** is it?（じゃ、誰の？）
B: It's **Mary's**.（メアリーのさ）

A: **Whose** bicycle is this?（これは誰の自転車？）
B: It's **Tom's**.（トムのだよ）

A: **Which** is your watch?（どちらがあなたの時計？）
B: This one is **mine**.（これが僕のだよ）

Column

▶鈴木さんが2人いるときは？

中学時代、人や国の名前などの「固有名詞」は複数形にできないと習ったはずです。しかし、規則には必ず例外がつきもの。次のような場合には、普通の名詞と同じように「s」を付けることができます。

There are two Suzukis in this class.
（このクラスには**鈴木さんが2人いる**）
また、「the＋人の姓の複数形」で「～家の人々、～一家」を表します。
The Tokugawas（徳川家の人々）

Questions & Answers

Q1：(　) に入れる適切な語句を下から選んでみよう！

① (　) coffee　② (　) paper　③ (　) water
④ (　) shoes　⑤ (　) wine

| a glass of | a bottle of | a cup of |
| a pair of | a piece of | |

Q2：(　) 内から適する語を選んでみよう！

① I know (he, his, him) name.

② Whose camera is this? It's (she, her, hers).

③ You and (my, I, me) are good friends.

④ Are those dolls (Mary, Mary's, Marys)?

⑤ Is this your pencil? Yes, it is (yours, my, mine).

⑥ Does he help (they, their, them)?

⑦ (We, Our, Us) father is a teacher.

A1：

① **a cup of** （1杯の）※熱い飲み物

② **a piece of** （1枚［1本、1切れ］の）

③ **a glass of** （1杯の）※冷たい飲み物

④ **a pair of** （1足［1組］の）

⑤ **a bottle of** （1本［1びん］の）

A2：

① **his**（訳：私は彼の名前を知っている）
　名詞の前には「所有格（his）」を置く。

② **hers**（訳：これは誰のカメラですか。それは彼女のものです）
　「hers」＝「her camera」

③ **I**（訳：あなたと私はとても仲が良い）
　主語には「主格（I）」を使う。

④ **Mary's**（訳：あれらの人形はメアリーのものですか？）
　名詞の所有代名詞（～のもの）⇒「～'s」

⑤ **mine**
　（訳：これはあなたの鉛筆ですか。はい、それは私のものです）
　「mine」＝「my pencil」

⑥ **them**（訳：彼は彼らを手伝いますか？）
　「help」の目的語になるので、「目的格（them）」を選ぶ。

⑦ **Our**（訳：私たちの父は先生です）
　①と同じく名詞の前には「所有格（Our）」を置く。

5時間目

プリティ・ウーマン「形容詞」

どんなイメージですか？　形容詞

「うつくしきもの　瓜にかきたる　ちごの顔」

かの清少納言も、『枕草子』の中で意識して形容詞を使っています。

言葉に豊かな表情を与えてくれるもの。それが「形容詞」なのです。

形容詞の基本

Key Sentence ㉓
She bought a **new** sweater.
彼女は新しいセーターを買った。

- さあ、今日も張り切っていこう。今日は「**形容詞**」と「**副詞**」の話をするけど、この2つはもちろん覚えてるよね。
- はい。でも、正しい使い方までは、はっきり思い出せないんです。
- 先生 うん、それはこれから復習するので大丈夫だよ。形容詞と副詞の使い方をきちんと押さえておけば、これから先、復習の理解度がグンと高まると思うんだ。知ってる形容詞を2、3語あげてみてくれる？
- ゆり それなら簡単です。「**red**」「**big**」「**new**」などですね。それから、「**good**」「**happy**」「**pretty**」なども思い浮かびますが。
- 先生 うん、それぐらいで十分だね。では、はじめに形容詞を簡単に定義づけてみようか。**人や物などの「性質・状態・大きさ・形・色などを表す語」**ということになるかな。
- ゆり 今、私があげた単語は、みんなその定義に当てはまります。
- 先生 そうだね。そして、形容詞の使い方は2つあるんだ。1つは**名詞のすぐ前に置いて、どのような名詞であるかを説明**

する用法。もう1つは「**is**」など「**be 動詞**」の後にくる用法だね。

Point 19 ● 形容詞の使い方

① **a（an）＋形容詞＋名詞（形容詞の後に名詞がある）**
  例 a   car
    a **new** car   新しい車

② **be 動詞＋形容詞（形容詞の後に名詞がない）**
  例 This dog is **big**. この犬は大きい。×This dog is **a big**.
  →This is a **big** dog. これは大きい犬です。（①の用法）

先生 ①の形容詞は**後にある名詞（car）を説明**し、②の形容詞は**主語（This dog）を説明**してるんだ。

ゆり ところで、②の「This dog is big.」は、「a big」にはもちろんなりませんね。

先生 そうだね。「**a(an)**」は**名詞につけるべきもの**だから、名詞のない②の形に「a(an)」がつくはずはないからね。では、次の2つの文が同じ内容になるように、(　　) に適する語を入れてごらん。

例
① This pencil is red. → This is (　　)(　　) pencil.
② That house is old. → That is (　　)(　　) house.
③ Is that a new camera? → Is that (　　)(　　)?
④ That is a very pretty rose. → (　　)(　　) is very pretty.
⑤ These books are interesting. → These are (　　)(　　).

5時間目

「形容詞」 91

ゆり ①a red ②a old ③camera new ④That rose ⑤ interesting books です。さっき説明してもらったばかりなので、合ってると思いますが…。

先生 おしい！ 1つだけ間違ってるんだけど…。

ゆり え〜っ、どこだろう。あっ！ 見つけました。②は「**an old**」じゃないですか？

先生 その通り。**「an」は発音が母音ではじまる単語の前に置かれる**ことは覚えてるね。これは発音しやすくするためなんだ。だから、後にくる単語が変わるたびに、「a」になったり「an」になったりするんだ。たとえば、同じ家のことでも「a house（家）→an old house（古い家）→a very old house（とても古い家）」のように変化するから、しっかり押さえておこう（②は「an old」に訂正するのが正解）。

例の訳

① この鉛筆は赤い。→これは赤い鉛筆です。
② あの家は古い。→あれは古い家です。
③ あれは新しいカメラですか？→あのカメラは新しいですか？
④ あれはとてもきれいなバラです。
　→あのバラはとてもきれいだ。
⑤ これらの本はおもしろい。→これらはおもしろい本です。

many, much, few, little の使い方

Key Sentence ㉔
She has **many** boyfriends.
彼女にはボーイフレンドがたくさんいる。

5時間目

> ところで、この前のレッスンで水が「多い・少ない」はどういうか、ちょっとだけ説明したんだけど、覚えてる？

>「**much**」や「**little**」です。

先生 うん、いいね〜（笑）。

ゆり 先生から聞いたことは、なるべくその場で頭の中に入れることにしてるんです。中学時代、あとで覚えればいいやと思っても、結局はそのままになってましたから（笑）。

先生 そうだね。やはり、**その場その場で覚えてしまうのが一番**だと思うよ。それじゃ、数量を表す語を表にしてみよう。

ここだけは押さえよう！ 数量を表す語

	多くの		少しの	ほとんどない	いくらかの	少しもない
数	many	a lot of	a few	few	some (any)	no
量	much	plenty of	a little	little		

先生 表の中身を説明しよう。まず、表の上の段は「**数**」を、下の段は「**量**」を表すんだ。つまり、上の段は「**数えられる名詞**」に、下の段は「**数えられない名詞**」に使うというこ

「形容詞」 93

とだね。上下2つの段にまたがっている「**a lot of**」と「**plenty of**」は、数えられる名詞にも数えられない名詞にも使われる。「**lots of**」も同じだね。

ゆり　「a lot of」や「lots of」は、中学時代に熟語として覚えました。

先生　そう、**熟語**で押さえておけばラクだね。次に、数えられる名詞に使う「**few**」と数えられない名詞に使う「**little**」は、どちらも「**a**」をつけて a few / a little とすると「**少しはある**」という**肯定的な意味**になり、「**a**」をつけずに few / little とすると「**ほとんどない**」という**否定的な意味**になるんだ。これも、よく意識しておこう。

ゆり　「few」と「little」に「a」がつかない形は、学校のテストの和訳でよく間違えました（笑）。

先生　「a」のない「few」や「little」を見たら、条件反射的に「ほとんどない」と考えればいいんだよ。

ゆり　先生、「**any**」は「疑問文」で使われるんでしたよね。

先生　うん。正確には「**some**」**の代わりに**「**疑問文**」**と**「**否定文**」**で使われる**んだね。それから、「**not ～ any ＝ no**」もぜひチェックしておいてほしい。それじゃ、例文も紹介しておこうか。1つ、覚えておいてほしいのは、「**some**」と「**any**」はどちらも意味が弱いため、**日本語に訳す必要のない**ことが多いということだ。

ここだけは押さえよう！ many / much / few / little

① <u>Are</u> there **many** book<u>s</u> in the library?
(図書館には**たくさんの**本がありますか？)
<u>Is</u> there **much** water in the pond?
(池には**たくさんの**水がありますか？)
※「many」には「are」、「much」には「is」を使う。

② He has **a lot of** book<u>s</u>. (彼は**たくさんの**本を持っている)
He has **a lot of** money.
(彼は**たくさんの**お金を持っている)
※「a lot of」のかわりに「lots of, plenty of」も使える。

③ I have **<u>a</u> few** friend<u>s</u>. (私には友人が**少しはいる**)
I have **few** friend<u>s</u>. (私には友人が**ほとんどいない**)

④ I have **<u>a</u> little** money. (私はお金を**少し持っている**)
I have **little** money. (私はお金を**ほとんど持っていない**)

⑤ I have **some** friend<u>s</u>. (私には**何人かの**友人がいる)
Do you have **any** friend<u>s</u>? (あなたには友人がいますか？)
I do**n't** have **any** friend<u>s</u>. = I have **no** friend<u>s</u>.
(私には**1人も**友人が**いない**)
There is **some** tea in the cup. (茶わんにはお茶がある)
Is there **any** tea in the cup?
(茶わんにはお茶がありますか？)
There is **not any** tea in the cup.
=There is **no** tea in the cup.
(茶わんには**少しもお茶がない**)

「形容詞」

ゆり ところで、先生。質問があります。

先生 うん、どんな質問？

ゆり 「money」はどうして数えられないのですか？ ふつうは1,000円、2,000円と数えますけど。

先生 これもよく質問されることだね。「money（お金）」という単語は硬貨と紙幣をひっくるめたものをいうので、**「money」自体は1つ、2つとは数えられない**んだ。けれど、同じような単語でも**「coin（硬貨）」は1枚、2枚と数えられるから「coins」と「s」がつくわけ**なんだ。

ゆり へえ～。よくわかりました。

先生 他に何か質問は？

ゆり あります。「彼は親切です」を英語にすると、どうして「He is kind.」になるんですか？「He is a student.」は、「is」の後に「student」という名詞がきますよね。これと同じように、「kind」を名詞形にしなくてもいいんですか？ 初歩的な質問で、とても恥ずかしいんですが…。

先生 恥ずかしいなんてとんでもない。これはとてもいい質問なんだよ。**英語をまじめに理解しようとする人ほど、「is」の後にくる単語に疑問をもってしまう**んだ。動詞（1時間目）のところでは、「be動詞」の働きは説明しなかったね。

ゆり 一般動詞の説明がほとんどでした。

先生 ちょうどいい。ここで**「be動詞」の働き**を、形容詞の性質とからめて説明しておこう。

be 動詞の働き

Key Sentence ㉕

This restaurant **is** very nice.
このレストランはとてもすてきだ。

Point 20 ● 「be 動詞」の働き

① ～です（「be 動詞」＋名詞）
  例 He **is** a student.（彼は生徒です）
  He ＝ a student
  （彼 ＝ 生徒）

② ～です（「be 動詞」＋形容詞）
  例 He **is** kind.（彼は親切です）　× He is kindness.
  He → kind
  （彼 → 人に親切な状態、心の優しい性格の持ち主）

③ ～に（…が）いる［ある］
  例 He **is** here.（彼はここにいる）
  There **is** a book on the desk.（机の上に本がある）

①の意味のときは「be 動詞」の前後の単語が「＝（イコール）」で結ばれる関係にあるんだ。ここで、君のいうように、「He is kind.（形容詞）」を「**He is kindness.**（名詞）」にしたとしよう。すると「**彼は親切そのものです**」となってしまって、まったく意味不明の文になる。だって、「彼＝

「形容詞」 **97**

親切そのもの」ということになると、彼は人間ではなく「**親切という抽象的なもの**」になってしまうからなんだ。

②の「kind（形容詞）」の場合も説明してください。

先生 形容詞は**人や物などの「性質・状態」を表す語**だったよね。だから②の場合は、主語と形容詞が「＝」で結ばれるのではなく、**主語の性質や状態を説明する**ことになるんだ。つまり「He is kind.」は「彼→心の優しい性格の持ち主」や「彼→人に親切な状態」になるということだ。ついでに、「**〜thing＋形容詞**」の形もおさらいしておこう。**語順が逆になる**から注意してほしい。

Point 21 ● 〜thing＋形容詞

I want some**thing cold**.（私は何か冷たいものがほしい）
　　　　　　　　→「冷たい何か」と考える
Would you have some**thing cold** to drink?
（何か冷たい飲みものはいかがですか？）

CD36 ミニ英会話 ⑪

A：How **was** your dinner?（食事はいかがでした？）
B：It **was** delicious. Thank you very much.
（とてもおいしかったです。どうもありがとう）

副詞の基本

Key Sentence ㉖
He works **hard**.
彼は**熱心に**働く。

先生　次は「**副詞**」に入るよ。副詞についても、知ってる単語を2、3あげてみてくれる？

ゆり　「**hard**」や「**fast**」…、「**very**」はどうですか。

先生　形容詞に比べて数が少ないな～（笑）。

ゆり　副詞ってどうもややこしくて…。

先生　ほとんどの人がこの副詞になじめず困ってるんだ。でも、大丈夫。このレッスンが終わったとたんに、"**副詞大好き人間**"になってるからね。

ゆり　ええ～っ！（疑わしげに）

先生　信じる者は救われる！　本当だから。

ゆり　そこまでおっしゃるなら、大いに期待しましょう（笑）。

先生　それじゃ、はじめに副詞の使い方をまとめておこう。副詞とは、**①動詞、②形容詞、③他の副詞を修飾する語**のことをいうんだ。修飾するとは、動詞、形容詞、他の副詞を**説明し、意味をはっきりさせる役割**を果たすことだね。この機会に、副詞の働きをよくチェックしておこう。

Point 22 ● 副詞の働き

① **動詞を修飾する**
   例 He studies English **hard**.（彼は英語を熱心に勉強する）

② **形容詞を修飾する**
   例 She is **very** pretty.（彼女はとてもかわいい）

③ **他の副詞を修飾する**
   例 He worked **very** hard.（彼はとても熱心に働いた）

先生 ①の例は「hard」がなくても、「彼は英語を勉強する」という意味の完全な文になってるよね。でも、どういうふうに勉強しているのか、「**一生懸命に**」なのか、「**だらだらと**」なのか、意味をよりはっきりさせるために「hard」をつけ加えているんだ。

ゆり つまり、「hard」は「studies」を修飾するんですね。

先生 その通りだ。②は**彼女がどの程度かわいいのか**、③は**どのくらい熱心に働いたのか**を説明してるんだね。

ゆり ③の「**hard**」は、①と同じく**動詞を修飾する**んですね。ここでは、動詞が「worked」になりますけど。

先生 そうそう。よく気がついたね。さすがだ。

頻度を表す副詞

Key Sentence ㉗

I **sometimes** exercise.
私は**時々**運動する。

次は、「**always（いつも）**」や「**often（しばしば）**」のような**頻度を表す副詞**に入ろう。次の文の適した場所に「always」を入れてごらん。

例

① I am busy. 　　　（私は忙しい）
② I get up at six. 　（私は6時に起きる）

2題あるということは、①と②では「always」を入れる場所が何となく違う感じですね。

先生 なかなか鋭くなってきたね〜（笑）。

ゆり 「I am always 〜」という語順は、今も頭の中に残ってるんです。だから、①は自信をもって答えられます。

① I am <u>always</u> busy.
② I <u>always</u> get up at six. でどうでしょうか？

先生 バッチリだね。大正解！

ゆり ②は「get up always」じゃ、何だか語呂が悪いというか発音しにくいというか、変な感じがするので、①とは逆に

「形容詞」 101

「always」を動詞「get」の前に置いてみたんです。

先生　英語の勉強では、「この**英文じゃ何だかおかしいな**」という直感みたいなものも大切なんだ。こうした感覚は、たくさんの英文に接してなければ身につかないからね。

ゆり　うれしいです、そういってもらえると。

先生　**頻度を表す副詞の置き場所**には2つのルールがあるんだ。それは、①**be動詞・助動詞の直後**と、②**一般動詞の直前**に置くということなんだ。

Point 23 ● 頻度を表す副詞

① 「be動詞・助動詞」の「直後」に置く
　例　I am **always** busy.（私はいつも忙しい）
　　　You must **always** go to bed before ten.
　　　（あなたはいつも10時前に寝なければならない）

② 「一般動詞」の「直前」に置く
　例　I **always** get up at six.（私はいつも6時に起きる）

③ 「sometimes」⇒「文頭や文末」に置くこともある
　　　　　　　　　　　　　　　　　　（強調のため）
　例　**Sometimes** he goes to church.（時々彼は教会へ行く）

ゆり　先生、「usually（ふつうは、いつもは）」や「often（しばしば）」は、どのくらいの頻度を表してるんですか？

先生　うん、これはなかなかいい質問だね。「**always**」を100％、「**never（決して～ない）**」を0％とすると、「**usually**」は**80％**で、「**often**」は**60％**といったところかな。

ここだけは押さえよう！ 「形容詞」→「副詞」の変化

① 「good」と「well」

good 形 よい、上手な
well 副 よく、上手に

例 She is a <u>**good**</u> singer.（彼女は**上手な**歌手です）
= She <u>sings</u> **well**.　（彼女は**上手に**歌う）

② 「形容詞」と「副詞」が同じ形のもの

hard 形 熱心な 副 熱心に
fast 形 速い 副 速く
early 形 早い 副 早く　など

例 He is a **fast** runner.（彼は**速い**走者です）形
= He runs **fast**.（彼は**速く**走る）副

③ 「形容詞＋ly」のもの

kind（親切な）⇒ kind<u>ly</u>（親切に）
slow（遅い）　⇒ slow<u>ly</u>（遅く）　など

④ 「形容詞の語尾 y」
⇒「y」を「i」に代えて＋「ly」にするもの

happy（幸福な）⇒ happ<u>ily</u>（幸福に）
easy（簡単な）⇒ eas<u>ily</u>（簡単に）　など

先生　①の「a good singer ⇔ sing well」と②の「a fast runner ⇔ run fast」は、同じ内容の文を「**形容詞**」と「**副詞**」で言いかえてある。「a good swimmer ⇔ swim well」や「a good tennis player ⇔ play tennis well」などと一緒にしっかりと押さえておくこと。それじゃ、少しだけ復習をやって副詞を終わりにしよう。次の文の誤りを直してごらん。

「形容詞」 103

> 例
>
> ① Tom speaks English very good.
> ② Don't speak so fastly.
> ③ Mary goes always there with me.
> ④ He is a very well English speaker.
> ⑤ His brother likes his car very well.

(ゆり) ①「good→well」②「fastly→fast」③「goes always→always goes」④「well→good」で、⑤はちょっと自信がないんですけど、「well→much」じゃないかと思います。

(先生) すばらしい！　全部正解だ。今日おさらいしたところが、よく理解できたみたいだね。それから、⑤の「much（非常に、大いに）」が動詞を修飾するときには、「very much」とすることが多いから覚えておこう。**「非常に多くの量→好きだ」と考えれば理解しやすいかもしれないね。**

(ゆり) 先生、変なこと聞きますけど…。③の「goes」は、「always」があっても「es」は消えないですよね。

(先生) えっ、どういうこと？

(ゆり) 動詞の前に「may」などがくると、「may go」となりますよね。そこから推測してみたんですけど…。

(先生) ああ、そうか。「副詞」と「助動詞」を混同してるみたいだね。助動詞は動詞の働きを助けるので、**動詞に影響を与えて「s」がなくなるけど、副詞にはそんな働きはない**からそのままでいいんだよ。

(ゆり) 「alway<u>s</u>」や「sometime<u>s</u>」には、もともと「s」がついて

ますよね。だから、「always plays」や「sometimes plays」などを見ると、「s」がダブってると錯覚して「plays」の「s」を取ってしまったこともあるんです。

先生　なるほど。そういう話は、今まで他の人からも聞いたことがあるよ。話そのものはなかなかおもしろいけど、**副詞と助動詞を混同しない**よう、よく気をつけたほうがいいね。では、今日はこれでおしまいにしよう。

> **例の訳**
> ① トムは英語をとても上手に話す。
> ② そんなに速く話してはいけない。
> ③ メアリーはいつも私とそこへ行く。
> ④ 彼はとても上手な英語の話し手だ。
> 　（彼は英語をとても上手に話す。）（①と同じ意味）
> ⑤ 彼の兄は自分の車がとても気に入っている。

Questions & Answers

Q1：（　　）内の副詞を文中の正しい位置に入れてみよう！

① My teacher is busy. (always)

② I get up at seven in the morning. (usually)

③ Mary speaks French. (well)

④ He forgets my name. (often)

⑤ She plays tennis. (sometimes)

Q2：（　　）内から適する語を選んでみよう！

① I know her (much, well).

② There is (a few, many, a little) water in the river.

③ Do you have (many, much) books?

④ There aren't (some, any) trees on the hill.

⑤ Kate speaks English (slow, slowly).

A1：

① **is always busy**（訳：私の先生はいつも忙しい）

② **I usually get**（訳：私はふつう朝7時に起きる）

③ **French well**（訳：メアリーはフランス語をうまく話す）

④ **He often forgets**（訳：彼はしばしば私の名前を忘れる）

⑤ **She sometimes plays**（訳：彼女は時々テニスをする）

　※頻度を表す副詞は「be動詞・助動詞」の「直後」（①）、「一般動詞」の「直前」に置く（②④⑤）。

A2：

① **well**（訳：私は彼女をよく知っている）
　「well（よく）」は「know」を修飾する副詞。

② **a little**（訳：川には水が少しある）
　「a little」少量の、「little」ほとんどない

③ **many**（訳：あなたは本をたくさん持っていますか？）
　「many」多数の、「much」多量の

④ **any**（訳：丘の上には1本も木がない）
　「not～any」＝「no」

⑤ **slowly**（訳：ケイトは英語をゆっくりと話す）
　「slowly」は「speaks」を修飾する副詞。

Column

▶「最も大きな大陸」は1つだけ？

　日本語で「最も大きな大陸」というと、普通1つだけを考えます。でも、次の（　　）の中には何を入れたらいいのでしょうか？　やはり、最上級が使ってありますね。

　Africa is the (　　) largest continent in the world.

　意味は、「アフリカは世界で**2番目に**大きな大陸です」で、（　　）には「second」を入れます。英語では、**最上級で表されるものは1つとは限らない**のです。なお、「3番目に大きな大陸」なら「the third largest continent」になります。

6時間目

グルメ or エステ「比較」

今、最も関心のあるのはファッション？ それとも食べ歩き？

　「A店よりB店のほうがすてき」「C店が一番よ」。いずれにしても、必要なのは「比較」ですね。
　楽しい「アフター5」になりますように！

比較の原級

Key Sentence ㉘
Mary is **as** tall **as** Kate.
メアリーはケイトと同じ背の高さだ。

先生 この前の時間でやった**形容詞**（→p.90参照）**と副詞**（→p.99参照）について、もう少しつっこんだ復習をしてみよう。

> **例**
>
> He is tall. （彼は背が高い）

先生 この文は「彼は背が高い」という意味だけど、これだけでは誰と比べて背が高いのか、どれほど高いのかはわからないね。そこで「私よりも背が高い」や「私の兄と同じ背の高さ」といった「**比較表現**」を使ってみよう。例を①「**彼は私よりも背が高い**」、②「**彼は私と同じくらい背が高い**」という意味の英文に直してごらん。①はどう？

ゆり ① He is taller than I. です。

先生 いいね、正解だ。②は？

ゆり ② He is as taller as I. だと思います。

先生 ちょっと残念だったね。**AとBが同じ程度**であることを表すときは、比較級ではなく「**原級**」を使うんだ。つまり、「tall」に「er」はいらないんだ（②He is as tall as I.が正解）。

Point 24 ● 原級の使い方(同じ程度を表す)

① **as+原級+as ~**（~と同じくらい…）
  例 He is **tall**.　　（彼は背が高い）
  →He is <u>as tall as</u> I.（彼は私と同じくらい背が高い）
  例 He runs **fast**.　　（彼は速く走る）
  →He runs <u>as fast as</u> I.（彼は私と同じくらい速く走る）

② **not as [so]+原級+as ~**（~ほど…でない）
  例 He is **not**　　**tall**.　　（彼は背が高くない）
  →He is <u>not as [so] tall as</u> I.（彼は私ほど背が高くない）

③ **—times as+原級+as ~**（~の—倍の…）
  例 This river is <u>**three times as**</u> long <u>**as**</u> that one.
  （この川はあの川の3倍の長さだ）
  twice as+原級+as ~（~の2倍の…）
  half as+原級+as ~　（~の半分の…）
  例 This river is <u>**twice as**</u> long <u>**as**</u> that one.
  （この川はあの川の2倍の長さだ）

④ **as+原級+as possible ［−can］**（できるだけ…）
  例 He ran <u>as fast as possible</u>.
  ＝ He ran <u>as fast as he could</u>.
  （彼はできるだけ速く走った）

先生　「原級」を使った表現を4つあげておいたので、例を参考に復習しておこう。

ゆり　③の3倍以上は、すべて「— times」になるんですか？

先生　その通り。「**half（半分）**」と「**twice（2倍）**」の他は、「**3倍、4倍、5倍…**」と、すべて「**— times**」になる。

ゆり　④の2つ目の例は、「as」と「can」の間に「he」や「she」

「比較」 111

などが入るんですね。

先生 そうだね。「**主格**」が入るんだ。それから、**動詞が過去形の場合は、「can」も過去形の「could」になる**んだ。最後に、①について、文のしくみをもう少しわかりやすく説明しておこう。

ここだけは押さえよう！ 「as＋原級＋as ～」の作り方

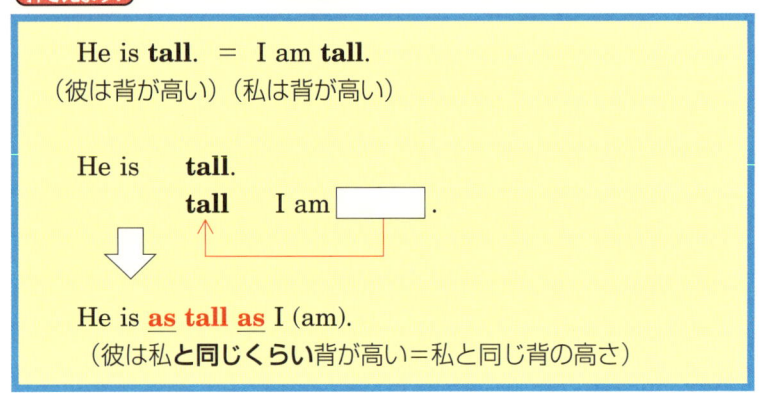

He is **tall**. ＝ I am **tall**.
（彼は背が高い）（私は背が高い）

He is   **tall**.
           tall   I am ☐ .

⬇

He is **as** tall **as** I (am).
（彼は私**と同じくらい**背が高い＝私と同じ背の高さ）

先生 「as I」のもとの形を「as I am tall」と考えれば、わかりやすくなると思う。結局「He is tall.」と「I am tall.」という、**同じ形の文を比較している**ことになるからね。

比較の比較級

Key Sentence ㉙
Mary is **older than** Tom.
メアリーはトムよりも年上だ。

Point 25 ● 比較級（2人[2つの物]を比べる形）

① **A+動詞+比較級+than+B（AはBよりも…）**
　例 He is **taller than** I.（彼は私よりも背が高い）
　　He runs **faster than** I.（彼は私よりも速く走る）

② **Which[Who]...+比較級, A or B?**
　（AとBと（では）どちらのほうが（より）…か？）
　例 **Which** do you like **better**, tea **or** coffee?
　　（あなたは紅茶とコーヒーと、どちらのほうが好きですか？）
　　I like coffee **better**.（コーヒーのほうが好きです）
　例 **Who** can run **faster**, Tom **or** Bill?
　　（トムとビルと、どちらのほうが速く走れますか？）
　　Bill can.（ビルです）

ミニ英会話 ⑫

A：**Which** is **larger**, Tokyo **or** Osaka?
　（東京と大阪と、どっちが大きいの？）
B：Tokyo is.（東京さ）

「比較」

比較の最上級

Key Sentence ㉚

Bill is **the tallest in** his class.

ビルはクラスの中でいちばん背が高い。

Point 26 ● 最上級（3人［3つの物］以上の中で1番を選ぶ）

① **(the＋)最上級＋of [in]** 〜（〜の中でいちばん…）
(1) **in＋「範囲・場所」を表す語**
　in my class（私のクラスの中で）
　in his family（彼の家族の中で）
　in the world（世界中で）
　例 Tom is **the tallest in** his class.
　　（トムはクラスの中でいちばん背が高い）

(2) **of＋「複数」を表す語(all・複数名詞・数など)**
　of all（すべての人［物］の中で）
　of all the boys（すべての少年の中で）
　of the three（3人［3つ］の中で）
　例 He runs **(the) fastest of** all the boys.
　　（彼はすべての少年の中でいちばん速く走る）

② **Which [Who]...＋(the＋)最上級, A, B or C?**
　（**A, B, C** の中でどれ［誰］がいちばん…か？）
　例 **Which is the largest,** Tokyo, Osaka **or** Nagoya?
　　（東京、大阪、名古屋の中でどれがいちばん大きいですか?）
　　Tokyo is.（東京です）

👨 「比較級」と「最上級」を使った表現をまとめてみたんだけど、覚えられる？ 会話で使える表現がいっぱいあるからぜひとも押さえておきたいところだね。

👩 どれも身近な話題ばかりなので、練習しやすいです。

先生 ここではアドバイスしたいことがいくつかあるんだ。1つは、「(the) fastest」の例を見てわかるように、副詞の最上級には「the」をつけなくてもいいこと。もう1つは、「all」と「the」を並べるときには、必ず「all the」の順にすること。「the all」は絶対にダメだよ。「オールザ」「オールザ」と何度も唱えていれば、すぐに口から出るようになるからね。それ以外の大切な点もまとめておこうか。

ここだけは押さえよう！ 比較級の強調と like+better / best

① 比較級は「much」で強める（原級は「very」）
  例 He is **very** tall.（彼は**とても**背が高い）
    →He is **much** taller than I.（彼は私より**ずっと**背が高い）

② 動詞「like」は比較級・最上級に「well」の比較級(better)、最上級(best)を使う（原級は「much」）
  例 I **like** tennis very **much**.（私はテニスが**とても**好きだ）
    →I **like** tennis **better** than baseball.（**比較級**）
      （私は野球よりテニス**のほうが**好きだ）
    →I **like** tennis (the) **best** of all sports.（**最上級**）
      （私はすべてのスポーツの中で、テニスが**いちばん**好きだ）

ミニ英会話 ⑬

A : **What kind of** music do you like **best**?
（どんな音楽がいちばん好き？）
B : I like pop music **best**.（ポピュラー音楽だよ）

A : We have four seasons in Japan. **Which** season do you like **best**?
（日本には四季があるけど、どの季節がいちばん好き？）
B : I like spring **best**.（春がいちばんだね）

Column

▶「on」＝「上」？

「on」は「〜の上に」という意味から、机やテーブルの上に置かれた物だけを頭に浮かべる人も多いと思います。しかし、**「on」は上に限らず、表面に接している**ことを表します。

たとえば、テーブルの上の花びんだけでなく、**壁に掛けた絵や天井に止まったハエ**なども「on」で表すことができます。

on the ceiling
on the table
on the wall
そろ〜り

比較級・最上級の作り方

Key Sentence ㉛

Who are **the** ten **best** hitters?
ベストテンに入っている打者は誰ですか?

6時間目

Point 27 ● 比較級・最上級の作り方

① 原級＋－er / －est
　例 tall（背の高い）→ tall<u>er</u> → tall<u>est</u>　など
② 〈e〉の語尾＋－r / －st
　例 larg<u>e</u>（大きい）→ larg<u>er</u> → larg<u>est</u>　など
③ 〈子音字＋y〉の語尾→「y」を「i」に代えて＋－er / －est
　例 happ<u>y</u>（幸福な）→ happ<u>ier</u> → happ<u>iest</u>　など
④ 〈短母音＋子音字〉の語尾→子音字を重ねて＋－er / －est
　例 hot（熱い）→ hot<u>ter</u> → hot<u>test</u>　など
⑤ 3音節以上の長い語→more / most＋原級
　例 beautiful（美しい）→ <u>more</u> beautiful → <u>most</u> beautiful　など
　2音節の語の一部→more / most＋原級
　例 famous（有名な）→ <u>more</u> famous → <u>most</u> famous　など
　形容詞＋ly＝副詞になる語→more / most＋原級
　例 slowly（遅く）→ <u>more</u> slowly → <u>most</u> slowly　など
⑥ 不規則変化
　例 good（よい） / well（よく） → better → best　※well 形 健康で
　例 many（多数の） / much（多量の） → more → most
　例 bad（悪い） / ill（悪く） → worse → worst　※ill 形 病気で
　例 little（少量の）→ less → least

「比較」 117

先生 この「-er / -est」も、動詞の「s」や「ed」のつけ方と似てるところがいくつかある。それらを参考にしながらチェックすると効率的だよ。ところで、「短母音」って何だか覚えてる？

ゆり もちろんです（胸を張って）。「アー、イー、ウー」と伸ばしたり、「アイ、オウ」と重ねたりしない母音、つまり**短く発音する「ア・イ・ウ・エ・オ」**ですね（→p.32参照）。

先生 よく忘れないでいたね！

ゆり ところで、⑤の「音節」を説明してください。

先生 手もとの辞書で「famous」を引いてごらん。
「fa」と「mous」の間に「・」がある「fa・mous」という形になってない？

ゆり なってます！

先生 「famous」はこの「・」を境に2つの部分に分かれているので「2音節語」というんだ。次は「beautiful」を引いてごらん。

ゆり 「beau・ti・ful」と、3つに分かれてます。

先生 音節とは、**前後に多少とも切れ目が感じられる発音上の単位**をいうんだ。「famous」をゆっくり発音してみると、「フェイ・マス」と2つに分かれる。そして、**2つの部分はそれぞれ母音をもってるんだ。**

ゆり 「beautiful」も「ビュー・ティ・フル」で「3音節語」ですね。

先生 そうだね。それから、**語尾が「-ful, -less, -ing, -ive」**などの語は、「**more / most**」をつけることを押さえておくこと。「**more / most**」をつける単語を少しあげておこう。

> ここだけは押さえよう！

「more / most」をつける単語

① 3音節以上
difficult（むずかしい），interesting（おもしろい）
important（重要な），expensive（高価な）
popular（人気のある）

② 2音節
careful（注意深い），useful（役に立つ）
careless（不注意な），honest（正直な）

(ゆり) 昨日の新聞に、「今年のワースト記録」って出てました。これは、**「bad」の最上級「worst」**のことですね。

(先生) さすがだね。「best」なんかも「ベストセラー」「ベストドレッサー」などでよく目にするよね。どちらにしても、こういう言葉は和製英語が多いので、新聞や雑誌などで**カタカナ言葉を見たら、すぐに辞書を引くクセをつけよう**。比較を終える前に、君に「最上級」を使った励ましの言葉を贈ろう。**Do your best**！（全力を尽くそう！）

ミニ英会話 ⑭

A：Which is **cheaper**, this camera or that one?
（このカメラとあのカメラと、どっちが**安いの**？）
B：This camera is.（このカメラだよ）

A：Which is **more expensive**, this car or that one?
（この車とあの車と、どっちが**高い**？）
B：That car is.（あの車さ）

6時間目

「比較」

One Point Lesson 比較の書きかえ

「最上級」を使った文は、同じ内容を「原級」や「比較級」でも表現できます。いくつか例をあげて説明しましょう。

確認しよう! 比較の書きかえ

① 東京は日本でいちばん大きい都市だ。
(1) Tokyo is **the largest** city **in** Japan.
(2) Tokyo is **the largest of** all the cities **in** Japan.
(3) Tokyo is **larger than any other** city in Japan.
(4) **No (other)** city in Japan is **larger than** Tokyo.
(5) **No (other)** city in Japan is **as [so] large as** Tokyo.

② **He ＞ I**
(1) He is **taller than** I.（彼は私よりも背が高い）
(2) I am **shorter than** he.（私は彼よりも背が低い）
(3) I am **not as [so] tall as** he.（私は彼ほど背が高くない）

①の(3)「**any other＋単数名詞**」で、「any」が「いくらかの」という意味のときは「**s**」がつきますが、「どんな〜」の意味のときは通常「**s**」はつきません。訳は「他のどんな〜よりも…だ＝いちばん…だ」です。(4)(5)の「No (other)＋名詞＋動詞＋比較級＋than 〜」「No (other)＋名詞＋動詞＋as [so]＋原級＋as 〜」は、「〜ほど…なものはない＝いちばん…だ」となります。「**No (other)**」ではじまる文は、**比較級・原級の単語を最上級にして考えるようにしましょう。**

感嘆文の作り方

Key Sentence ㉜

What a beautiful flower this is!
これはなんて美しい花なのだろう！

先生：「感嘆文」を説明してこの時間は終わりにしよう。

ゆり：感嘆文の**「What」と「How」の使い方**に、どうも自信がないんです。どういう場合に「What」と「How」を使い分けるか。何かコツみたいなものはありませんか？

先生：それにはまず、「What」と「How」ではじまる「感嘆文」のしくみの違いを押さえておくことだ。

例

① She is a very pretty **girl**.
  → **What** a pretty **girl** she is!
  （彼女はなんてかわいい<u>少女</u>なのだろう！）
② She is very pretty.
  → **How** pretty she is!
  （彼女はなんてかわいいのだろう！）

先生：例を見ると、①は感嘆文に書きかえる前の文に「名詞」が入ってるけど、②はどこにもないよね。つまり、**名詞のあるなし**が「What」と「How」ではじまる文の構文上の大きな違いなんだ。わかる？

ゆり：はい、わかります。

「比較」

先生 感嘆文をきちんと理解するには、中学のときに練習した「書きかえ」を、かる〜く復習しておくのがいい。そうすれば、まず感嘆文で間違えることはなくなるよ。

Point 28 ● 感嘆文への書きかえの順序

> ①「very」に（ ）をつけて消す
> She is a <s>(very)</s> pretty girl.
> She is <s>(very)</s> pretty.
> ②「very」の直後にある「形容詞＋名詞」を探す
>   (1) ある場合 ⇒ **What** 〜！
>   (2) ない場合 ⇒ **How** 〜！
> ③(1)「形容詞＋名詞」を「What」の直後につける
>   What **a pretty girl** 〜！
>   (2)「形容詞」または「副詞」を「How」の直後につける
>   How **pretty** 〜！
> ④ 文頭にある「主語＋動詞」を③の直後につける
>   What a pretty girl **she is**!
>   How pretty **she is**!

ゆり 「名詞」の入ってる文を感嘆文にするときには「**What**」を使い、「名詞」の入ってない文は「**How**」を使えばいいんですね。

先生 この書きかえのポイントは、なんといっても「**名詞**」を見つけられるかどうかだ。名詞が見つかれば、必ず直前に形容詞があるから「**形容詞＋名詞**」探しは簡単なんだ。とにかく、①から④の順序でやれば、**絶対に間違うことはない**。僕が保証する。

ゆり 書きかえ問題って、なんだか懐かしいですね〜。でも最近は、学校では書きかえをしないみたいですね。

先生 会話中心の授業に変わってるからね。でも、**一度は書きかえをやったほうがいいと思うよ**。英文のしくみが理解できて表現力が身につき、おまけに会話にも役立つからね。では、復習に入ろうか。次の①〜③を感嘆文にかえてごらん。

> **例**
> ① This car is very nice.（この車はとてもすてきだ）
> ② That is a very old house.（あれはとても古い家だ）
> ③ He is running very fast.（彼はとても速く走っている）

ゆり ① How nice this car is!
② What a old house that is!
③ How fast he is running!　です。

先生 ②がちょっとおかしいよ。どこだかわかる？

ゆり ？？？　あっ、ひょっとして「an」が正解ですか？

先生 そうだね。「very」の前にあるときには「a」でいいけど、**母音ではじまる「old」**にかわれば**「an」**に直す必要があるんだ（②は「a」を「an」に訂正するのが正解）。

6時間目

「比較」　123

ミニ英会話 ⑮

A：**What** delicious sandwiches!
（なんておいしいサンドイッチなんでしょう！）
B：Thank you.（ありがとう）
※delicious「おいしい」

A：**What** a good watch you have!
（なんてよい腕時計を持ってるの！）
B：Thank you. My uncle gave it to me.
（ありがとう。僕のおじさんがくれたんだ）

A：**What** a nice day!（なんていい天気なんでしょう！）
B：Yes, but it's going to rain later.
（うん、でも後で雨になりそうだよ）
A：Really? Did you see the weather report?
（本当？　天気予報を見たの？）
B：Yes, I did.（うん、そうだよ）
※later「後で」、weather report「天気予報」

※感嘆文は、会話では「主語＋動詞」が省略される形のほうが多く見られる。

One Point Lesson 「What」と「How」の書きかえ

同じ内容の文を「**What**」でも「**How**」でも表現できます。ただし、「What」ではじめるときには、必ず後に「**形容詞＋名詞**」をつけてください。

確認しよう！ 「What」⇔「How」

① **What a long pencil** this is!
（これはなんて長い鉛筆なのだろう！）
＝ **How long** this pencil is!
（この鉛筆はなんて長いのだろう！）

② **What a fast runner** he is!（速い走者）
＝ **How fast** he runs!
（彼はなんて速く走るのだろう！）

③ **What a good swimmer** he is!（上手な泳ぎ手）
＝ **How well** he swims!
（彼はなんて上手に泳ぐのだろう！）

④ **What a good tennis player** he is!（上手なテニス選手）
＝ **How well** he plays tennis!
（彼はなんて上手にテニスをするのだろう！）

「比較」

Questions & Answers

Q1：誤りを直してみよう！

① I studied as harder as he.

② Jane is the happiest of her family.

③ He is taller than any other boys in his class.

④ This building is very larger than that one.

Q2：(　　) 内の語を必要があれば適する形にかえてみよう！

① She came here (early) than he.

② This rose is as (pretty) as that rose.

③ Tom is the (old) of the three boys.

④ Who is (happy), you or I?

⑤ Your house is twice as (large) as mine.

A1：

① **harder→hard**（訳：私は彼と同じくらい熱心に勉強した）
「as＋原級＋as ～」～と同じくらい…

② **of→in**（訳：ジェーンは家族の中でいちばん幸せだ）
「in＋範囲・場所を表す語（in my class など）」
「of＋複数を表す語（of all／of the three など）」

③ **boys→boy**
（訳：彼はクラスの他のどんな少年よりも背が高い）
「any other＋単数名詞」

④ **very→much**
（訳：この建物はあの建物よりもずっと大きい）
比較級は「much」で強める。「very」は原級を強めるとき。

A2：

① **earlier**（訳：彼女は彼よりも早くここへ来た）
「than」があるから「比較級」にする。

② **そのまま**（訳：このバラはあのバラと同じくらいきれいだ）
「as＋原級＋as～」～と同じくらい…

③ **oldest**（訳：トムは3人の少年の中でいちばん年上だ）
「of the three boys」があるので「最上級」。

④ **happier**（訳：あなたと私と、どちらが幸せですか？）
2人を比較しているので「比較級」にする。

⑤ **そのまま**（訳：あなたの家は私の家の2倍の大きさだ）
「twice as＋原級＋as～」～の2倍の…

Column

▶大きな図書館をお持ちですね？

あなたがもし「You have a large library.」といわれたら、どのように反応しますか？「えっ、私が大きな図書館を持ってる？ この人、何いってるんだろ？」と一瞬考え込んでしまいますね。

一般的に私たち日本人は、「library＝図書館」と機械的に覚えているので、こんな場合に思考力が鈍ってしまうのです。ここでは「**(個人の)蔵書**」という意味で、「**本をたくさんお持ちですね**」になります。

1 時間目

愛されるよりも愛したい「受動態」

目標に向かって進んでいますか？

　猪突猛進、おおいに結構です。でも、ちょっと待ってください。2歩進んでは立ち止まる。たまにはそんな「受け身」の姿勢も必要なのでは…。
　あなたの人生にも心の余裕を！

能動態と受動態

Key Sentence ㉝

This letter **was written by** Tom.

この手紙はトムによって書かれた。

今日で1週間になるけど、英語の復習は順調にいってる？

もちろんです！　すっかり忘れてしまった英語も、今ではずいぶん思い出しました。家に帰ってから **Point** などで確認すると、先生の説明が頭に浮かんできます。

先生　それはよかった。あいまいなところを1つ1つチェックしていくうち、自然に身についてくるものだからね。では、今日は「受動態」の話に入ろう。

ゆり　「受け身」ですね。

先生　そうだね。まずは、「能動態」と「受動態」の違いを復習しておこう。わかりやすくするため、タレントの名前を使おうか。君は誰のファン？

ゆり　俳優のTさんです♡　彼の出る番組は欠かさず見てるんですよ〜。帰りが遅くなるときでも、録画予約してチェックは欠かせません（笑）。

先生　それじゃ、ご要望にお応えして（笑）。まず、「能動態」の文である「Tさんはあなたを愛している」は、**動作を行うTさんを中心に物事を考えている**ことになるね。

(ゆり) そうですね♡

(先生) ところが「受動態」というのは、**動作の受け手である君のほうにスポットライトが当てられ、「あなたはTさんに愛されている」と立場が逆転**してしまう。でも、内容はまったく変わらないし、英文を読むときはもちろん、会話でも受動態に出合うことはけっこう多いんだ。

ここだけは押さえよう！ 能動態と受動態

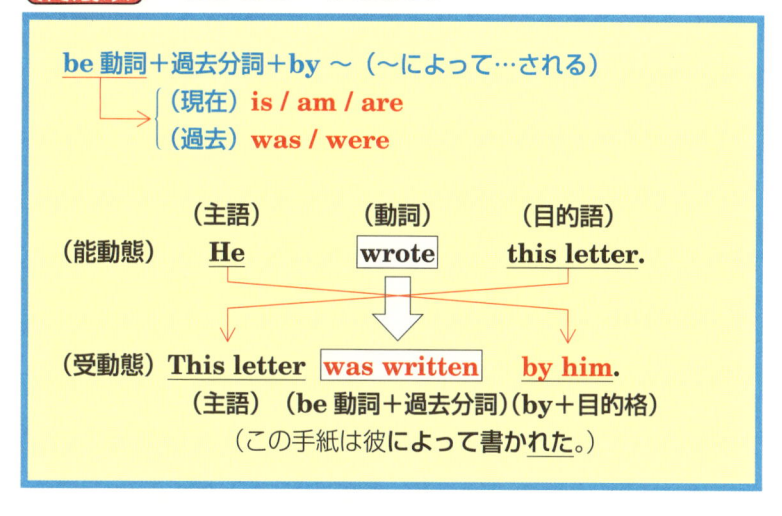

be動詞＋過去分詞＋by ～ （～によって…される）
- （現在）is / am / are
- （過去）was / were

	（主語）	（動詞）	（目的語）
（能動態）	He	wrote	this letter.

⇓

（受動態）	This letter	was written	by him.
	（主語）	（be動詞＋過去分詞）	（by＋目的格）

（この手紙は彼によって書かれた。）

(先生) この図は、中学の教科書や問題集なんかで目にしたことがあると思う。この**文頭の単語が文末へ、文末の単語が文頭へ、真ん中の1語の動詞が「be動詞＋過去分詞」**にという「矢印」の方向は、イメージとして目に焼きつけておくこと。それじゃ、次の 例 を「受動態」に言いかえてごらん。

> **例**
> ① Everybody loves her.（誰もが彼女を愛している）
> ② He sent this letter.（彼はこの手紙を送った）

ゆり ① She is loved by everybody.

② This letter is sent by him. です。

先生 うん。1カ所を除いて正解だね。

ゆり え〜っ！　どこか間違ってますか？

先生 ②の「sent」をよ〜く見てごらん。

ゆり アッ！　「sent」は過去形だから「is」じゃなく「was」ですね。

先生 そうだね。あわてて動詞の「過去形」を「現在形」と思い込んでしまう人が多いんだ。（②は「is」を「was」に訂正するのが正解）。さて、**受動態の作り方**を説明していこう。受動態に言いかえるための第1歩は**「目的語」を見つけることだ。**

ゆり 目的語は、たしか「人称代名詞の目的格」のところでやりましたよね（→p.81参照）。

先生 そう、よく覚えてたね。では、さっきの例文の中から目的語を抜き出してごらん。

ゆり 「**her**」と「**this letter**」です。訳すと「**彼女を**」と「**この手紙を**」になります。

先生 そうだね。目的語は「〜を」と「〜に」のどちらかに訳せる語を見つければいい。そして、もし目的語がなければ、その文は受動態にできない。その**目的語を主語**にし、**能動**

態の動詞を「be 動詞＋過去分詞」にかえて、最後に「by ＋能動態の主語」をくっつければ受動態の完成だ。

Point 29 ● 「能動態」から「受動態」へ

① 能動態の「目的語」を「主語」に（代名詞の目的格は主格に）する

②「現在」「過去」「未来」「助動詞の有無」を確認する

③ (1) 現在の場合　⇒ **is [am / are]＋過去分詞**
　 (2) 過去の場合　⇒ **was [were]＋過去分詞**
　 (3) 未来の場合　⇒ **will be＋過去分詞**
　 (4) 助動詞の場合 ⇒ **can [may / must など] be＋過去分詞**

④「by＋能動態の主語（主格は目的格に）」を最後につける

「受動態」

CD 49 by＋目的格が省略される場合

Key Sentence ③

English **is spoken** in Canada.
英語はカナダで**話されている**。

😮 短い文を受動態にするのはラクですね。

🧑 長い短いは関係ないと思うよ。目的語さえ見つかれば、あとは **Point29**（→p.133参照）に当てはめていけばいいんだから。次の①〜③を受動態に言いかえてもらおうか。

> **例**
> ① Tom will do the work.
> ② We can see tigers in the zoo.
> ③ You must drive the car more carefully.

(ゆり) ① The work will be done by Tom.
② Tigers can be seen in the zoo by us.
③ The car must be driven more carefully by you.
になります。

(先生) なかなかよくできてるね。ただ、②の「**by us**」はいらないんだ。

(ゆり) そういえば、「**by 〜**」**が省略される場合**を習った記憶が…。

(先生) よく思い出したね。ここでは、主語の「We」が「**一般の人々**」を表してるから「**by us**」が省略されるんだ。他には、**前**

134

後関係から行為者が推測できたり、逆に**行為者がわからない場合**も「by ～」をつけないんだね（②は「by us」を取るのが正解）。

ゆり 他の例文でも説明してください。

先生 よし、こんなのはどうかな。

> **例**
> ④ **They** sell sugar at that shop.
> → Sugar is sold at that shop.
> 　（砂糖はあの店で売られている）
> ⑤ **They** speak English in Canada.
> → English is spoken in Canada.
> 　（英語はカナダで話されている）

先生 ④と⑤の「**They**」は誰のことだと思う？

ゆり ④は**お店の人**で、⑤は**カナダに住んでる人、カナダの国民**ですね。

先生 そうなるね。

ゆり 先生、「will be」や「can be」のところを、もっとわかりやすく説明してください。

先生 それじゃ、例③を使って説明してみようか。少し内容を簡単にするからね。

> **例**
> You drive the car.
> ⇩
> The car **is driven** by you.（be 動詞＋過去分詞）
> ⇩
> The car **must be** driven by you.（助動詞＋原形）

先生 まず、**受動態の基本形**は「何動詞＋何」になる？

ゆり 「**be 動詞＋過去分詞**」です。

先生 例文では「**is driven**」になるね。助動詞のすぐ後に何がくるかというと「動詞の原形」だから、「must」が入ってきたことで「is」が「be」にかわって「must be driven」になるということだね。

ところで、「**不規則動詞変化表**」（→p.34〜35参照）のおさらいは、もう終ったの？

ゆり 通勤電車の中で、ほとんどチェックしました。90％以上は大丈夫です。

先生 単語類は、通勤・通学電車の中といった、コマギレ時間を使うのが一番だよ。受動態は**過去分詞**を知らないとお手上げだからね。

例の訳

① トムはその仕事をするだろう。
② 私たちは動物園でトラを見ることができる。
③ あなたはもっと慎重に車を運転しなければならない。

目的語が2つある場合

Key Sentence ㉟

She **was given** this present **by** Tom.

彼女はトムにこのプレゼントをもらった。

「give」や「teach」など、**目的語を2つとる動詞**の場合は、それぞれの目的語を主語にして2通りの受動態を作ることができるんだ。

ここだけは押さえよう！　人に物を〜する

① **主語＋動詞＋人＋物**
　例 He gave **her this book**.（彼は彼女にこの本をあげた）
　→ **She** was given **this book** by him.

② **主語＋動詞＋物＋to[for]＋人**
　例 He gave **this book** to **her**.
　→ **This book** was given **to her** by him.

先生　今まで目的語を探すときは、「〜を」と訳すことを基準にしてたよね。でも、実際は目的語を「**〜を**」と「**〜に**」の2つの意味で探すことが必要なんだ。

　例文の2つの目的語は、**①と②では順序が逆**ですね。

先生　そうなんだ。「**人に物を〜する**」という意味をもつ動詞は、**2つの目的語の順序を入れかえることができる**んだ。ただ「**人＋物**」の順序を逆にする場合は、「**物＋to＋人**」「**物＋for**

十人」のように「to」や「for」が必要になるので注意しよう。

(ゆり) 「**to**」と「**for**」の使い分けが、はっきりしません。

(先生) いい質問だね。実は、動詞によって「to」と「for」のどちらを使うかが決まってるんだ。

ここだけは押さえよう！ 「to」と「for」を使う動詞

① **「to」を使う動詞（動作の方向「〜に向かって」）**
　例 give（与える），lend（貸す），send（送る）
　　 show（見せる），teach（教える），tell（話す）など

② **「for」を使う動詞（利益「〜のために」）**
　例 buy（買う），cook（料理する）
　　 get（手に入れる），make（作る）など
※どれも「for」を入れると、「〜してあげる」という意味をもつ。

(ゆり) いっぱいありますね。いい覚え方はないですか？

(先生) まず、②の「for」を使う動詞を押さえること。そうすれば、残りの動詞は「to」を使えばいいからね。②でよく使われるのは「buy」と「make」だから、「**肉と野菜を買い（buy）料理を作る（make）**」と覚えてしまおう。残りの2つは、「**buy（買う）＝get（手に入れる）**」、「料理を作る」のところに「**cook**」も加えればOKだ。

(ゆり) それ、いただきましょう！（笑）

(先生) 注意してほしいのは、**「for」を使う動詞はふつう「人」を主語にした受動態を作れない**ということ。「I was made 〜」や「She was cooked 〜」などは、「私は作られた」「彼女は料理された」となって不自然だからね。

受動態の否定文と疑問文

Key Sentence ㊱

By whom was America discovered?
誰によってアメリカは発見されたのか？

次に受動態の「**否定文**」と「**疑問文**」の作り方を説明しよう。まず、能動態の否定文や疑問文をいきなり受動態にしないで、**ふつうの文（肯定文）に直す**こと。そして、**いったん受動態にしてから疑問文にしたり、「not」をつけて否定文にしたほうが間違えなくていい**よ。

けっこう面倒なんですね。

先生　もちろん、慣れるまでの話だよ。慣れてきたら、頭の中で一気に変換できるようになるから安心して。

Column

▶花婿（むこ）は憂うつなの？

　教会で永遠の愛を誓い合う花嫁と花婿。2人の笑顔がはちきれんばかりです。ところが、花婿の心の中が本当は「憂うつ」な状態だとしたら…。それは大変なことです。
　「花嫁」はジューンブライドで知られているように、英語では「bride」といい、「花婿」は「bridegroom」になります。そこで、チョットいたずらをしてみましょう。「groom」の「r」を「l」に変えるのです。あらら、「gloom（憂うつ）」になってしまいました。単語の元の形は、実は「bridegloom」だったりして…。

確認しよう！ 受動態の「否定文」と「疑問文」

① 否定文

例 You **don't [didn't] use** this pencil.
（あなたはこの鉛筆を使わない［なかった］）
→ You **use [used]** this pencil. （肯定文）
→ This pencil **is [was] used** by you. （受動態）
→ This pencil **isn't [wasn't] used** by you.
（受動態の否定文）

② 疑問文

例 **Do [Did] you use** this pencil?
（あなたはこの鉛筆を使いますか［ましたか］？）
→ You **use [used]** this pencil. （肯定文）
→ This pencil **is [was] used** by you. （受動態）
→ **Is [Was]** this pencil **used** by you? （受動態の疑問文）

例 **When did** he **build** the house?
（彼はいつその家を建てましたか？）
→ He **built** the house. （肯定文）
→ The house **was built** by him. （受動態）
→ **Was** the house **built** by him? （受動態の疑問文）
→ **When was** the house **built** by him? （疑問詞）

例 **What did** he **eat**? （彼は何を食べましたか？）
→ He **ate what**. （肯定文）
→ **What was eaten** by him? （受動態の疑問文）

例 **Who discovered** America?
（誰がアメリカを発見しましたか？）
→ America **was discovered by whom**. （受動態）
→ **By whom was** America **discovered**?
（受動態の疑問文）

熟語の受動態の作り方

Key Sentence ㊲

I was laughed at by him.
私は彼に笑われた。

7時間目

先生 それじゃ、次の文を受動態に直してもらおうか。

例
① He laughed at me.（彼は私を笑った）
② She took care of her baby.（彼女は赤ちゃんの世話をした）

ゆり　① I was laughed by him.
　　② Her baby was taken care by her.　になります。

先生　あれ？　何だか少しおかしいよ。

ゆり　????

先生　「at」や「of」はどこへ消えちゃったんだろう？

ゆり　前置詞が2つ続く「at by」「of by」はおかしいと思って。

先生　前置詞が2つ並んだって少しも変じゃないよ。2つや3つの語からなる**熟語も1語の単語とまったく同じ扱いをする**んだ。正解を書いておこう。

例の解答
① **I was laughed at** by him.
② Her baby **was taken care of** by her.

「受動態」　141

CD 53

by 以外を使う受動態

Key Sentence ㊳

I **was surprised at** the news.

私はその知らせに驚いた。

行為者を表す「**by**（〜によって）」の代わりに、「**at / to / with**」などが使われる場合もあるんだ。でも、これは数が限られているから、**熟語**として覚えてしまおう。

ここだけは押さえよう！ 「by」以外を使う受動態

① The ground **is covered with** snow.
（地面は雪で**おおわれている**）
② I **am interested in** baseball.
（私は野球**に興味をもっている**）
③ The doctor **is known to** everyone.
（その医者はみんな**に知られている**）
④ I **am satisfied with** my school.
（私は学校**に満足している**）
⑤ I **was surprised at** the noise.
（私はその物音**に驚いた**）
⑥ This desk **is made of** wood.
（この机は木**でできている**）
⑦ Butter **is made from** milk.
（バターは牛乳**から作られる**）

先生、⑥と⑦はなぜ「of」と「from」が使い分けてあるんですか？

先生　うん、ここはわかりにくいところだね。「バター」など、表面を見ただけでは「原料」が「牛乳」であるとわからない場合は「from」。一方、「机」など、一見して「木」が「材料」だとわかる場合は「of」を使うんだ。

ミニ英会話 ⑯

A：My bicycle **is broken**. Can you repair it?
（私の自転車は**壊れてる**の。直せる？）
B：I'm afraid not. You'd better bring it to the shop.
（悪いけど直せないね。店に持っていったほうがいいよ）
※break「〜を壊す」、repair「〜を修理する」、
you'd better＝you had better「〜したほうがいい」

A：When **was** this building **built**?
（この建物はいつ**建てられた**のですか？）
B：In 1900.（1900年です）

A：What **is** the main language **spoken** in Australia?
（オーストラリアで**話される**主要な言語は何ですか？）
B：English.（英語です）
※main「主要な」、language「言語」

A：Did you hear that Kate is going to get married?
（ケイトが結婚する予定があることを聞いた？）
B：Yes. I **was** really **surprised at** the news.
（うん。その知らせ**を聞いて**本当に**驚いた**よ）
※get married「結婚する」

疑問詞の基本

CD 55

Key Sentence ㊴

Where are you from?
ご出身はどちらですか？

先生　次は「**疑問詞**」にいこう。

　　　疑問詞といえば「**5W1H**」ですね。

先生　ありゃりゃ、先にいわれちゃった（笑）。それじゃ、説明してもらおうか。

ゆり　わかりました。「**5W1H**」は、「**When（いつ）、Where（どこで）、Who（誰が）、What（何を）、Why（なぜ）、How（どのようにして）**」の6つの単語の頭文字をとったもので、**文章や会話での基本**です。

先生　完璧な説明だね（笑）。「5W1H」の疑問詞を使えば、いろいろなことが聞けるから、**会話の幅が広がってくる**んだ。まず相手に質問するところから会話ははじまるからね。僕なんかも学生時代、友達と一緒に名所旧跡に出かけて、そこにいる外国人に片っ端から話しかけたもんだよ。「Where are you from?」とかね。この「5W1H」は、**話のきっかけを作る最高の道具**だ。「5W1H＋Which」の会話例を紹介しておくから、友達なんかと「会話練習」をしておくといいね。

> ここだけは押さえよう！

疑問詞

①When（時）「いつ」

A：**When** will the concert begin?
　（コンサートは**いつ**はじまりますか？）
B：**At 7：00**.（**7時**です）

②Where（場所）「どこ」

A：**Where** does your uncle live?
　（あなたのおじさんは**どこ**に住んでいますか？）
B：He lives **in Tokyo**.（**東京に**住んでいます）

③Who（人）「誰」

A：**Who** is in the park?（公園にいるのは**誰**ですか？）
B：**Tom** is.（**トム**です）

④Whose（人）「誰の」

A：**Whose** bicycle is this?（これは**誰の**自転車ですか？）
B：It's（＝It is）**mine**.（**私の**です）

⑤What（物）「何」

A：**What** do you want for your birthday?
　（誕生日に**何が**ほしいですか？）
B：I want **a camera**.
　（**カメラ**がほしいです）

⑥What（人）「何をする人（職業・身分）」

A：**What** is your father?
　（あなたのお父さんの**職業は何**ですか？）
B：He is **a teacher**.（**先生**です）

「受動態」 145

⑦Why（理由・目的）「なぜ」

A : **Why** were you absent yesterday?
　（昨日は**なぜ**休んだのですか？）
B : **Because** I was ill.
　（病気だった**から**です）**(理由)**
A : **Why** did you go to Paris?
　（**なぜ**パリへ行ったのですか？）
B : **To** study art.（美術を勉強**するため**です）**(目的)**

⑧Which「どちら」

A : **Which** is larger, Tokyo or Nagoya?
　（東京と名古屋では、**どちらが**大きいですか？）
B : **Tokyo** is.（**東京**です）

⑨How（方法・手段）「どのように」

A : **How** did you get home yesterday?
　（昨日は**どのようにして**帰宅したのですか？）
B : **By taxi**.（**タクシーで**帰りました）

⑩How many（数）「どれくらい」

A : **How many** people are there in the tennis club?
　（テニスクラブには、**どれくらいの**人たちがいますか？）
B : **About 10.**（**約10人**です）

⑪How much（量・金額）「いくら」

A : **How much** is it to Tokyo Station?
　（東京駅まで**いくら**ですか？）
B : **200 yen.**（**200円**です）

⑫How old（年齢）「いくつ」

A：**How old** is he?（彼は**何歳**ですか？）
B：He's（＝He is）**eighteen**.（18歳です）

⑬How tall（身長）「どれくらい」

A：**How tall** are you?
　（**身長はどれだけ**ありますか？）
B：**About 170 cm**.（**約170cm**です）

⑭How high（高さ）「どれくらい」

A：**How high** is that mountain?
　（あの山は**どれだけの高さ**がありますか？）
B：It's（＝It is）**about 5,000 meters high**.
　（約5,000メートルです）

⑮How long（期間・長さ）「どれくらい」

A：**How long** did you live in Kyoto?
　（京都に**どれくらい**住んでいましたか？）
B：**For three years**.（3年間です）

⑯How often（頻度・回数）「どれくらい」

A：**How often** do you play tennis?
　（**どれくらい**テニスをしますか？）
B：**About once a month**.（月に約1回です）

⑰How far（距離）「どれくらい」

A：**How far** is it from here to the station?
　（ここから駅まで、**どれくらいの距離**がありますか？）
B：It's（＝It is）**about one kilometer**.（約1キロです）

「受動態」

Questions & Answers

Q:（　）内から適する語を選んでみよう！

① This house (is / are / was) (build / building / built) last month.
② These dishes (was washed / were washed / were washing) by my mother.
③ English (is / are / was) (speak / spoke / spoken) in Australia.
④ I am interested (by / to / in) English.
⑤ He was surprised (at / to / in) the news.
⑥ This desk is made (in / of / from) wood.
⑦ Tom is known (with / by / to) everybody.
⑧ The ground is covered (by / in / with) snow.
⑨ Butter is made (in / of / from) milk.
⑩ I am satisfied (to / in / with) my school.

A：

① **was, built**（訳：この家は先月建てられた）
「last month（先月）」があるので「was」。

② **were washed**（訳：これらの皿は私の母によって洗われた）
主語が複数（「These dishes」）なので「were」。

③ **is, spoken**（訳：英語はオーストラリアで話されている）
「by them」は省略されている。

④ **in**（訳：私は英語に興味をもっている）
「be interested in」〜に興味をもっている

⑤ **at**（訳：彼はその知らせに驚いた）
「be surprised at」〜に驚く

⑥ **of**（訳：この机は木でできている）
「be made of」〜でできている

⑦ **to**（訳：トムはみんなに知られている）
「be known to」〜に知られている

⑧ **with**（訳：地面は雪でおおわれている）
「be covered with」〜でおおわれている

⑨ **from**（訳：バターは牛乳から作られる）
「be made from」〜から作られる

⑩ **with**（訳：私は学校に満足している）
「be satisfied with」〜に満足している

Column

▶「ミス」っちゃった!

「miss」は列車に乗り遅れるなど、「～しそこなう」という意味がよく知られています。では、次の文はどんな意味になると思いますか？

I'll **miss you** very much.

「あなたを捕まえそこなう」なんてとんでもない！　そんな無粋な。もっとロマンスを感じさせる意味になります。恋人と別れるときなどに使ってください。

「あなた**がいなくなると**、とても**寂しくなる**わ」

150

8時間目

「不定詞」七変化
しちへんげ

忘れていませんか？ "七つの顔"

　不定詞で7種類の会話をエンジョイできます。
　中学時代、こんな思いをしませんでしたか？「不定詞ってわかりにくい！」。でも、難しく考えることはありません。単に「to＋動詞の原形」のことなのですから。
　不定詞を使いこなして、バラエティーに富んだ会話を楽しみましょう！

名詞と同じ働きをする不定詞

Key Sentence ㊵

My dream is **to be** a movie actress.

私の夢は女優になることだ。

先生　この時間は「不定詞」と「動名詞」を説明していこう。ここが終われば、「映画を見たい」や「ショッピングするのが好き」とか「私の夢はフランスに住むこと」といった、**バラエティーに富んだ会話**が楽しめるようになるからね。

ゆり　それは楽しみ！

先生　ところで、不定詞は中学・高校で習うけど、多くの人がわかりにくいと思ってるんだ。君はどう？

ゆり　不定詞には「〜用法」がいくつかあるので、頭の中が混乱しちゃうんです。おまけに、よく似た動名詞までいっしょに習うので、よけいにわからなくなるんですよ。

先生　なるほど。でも逆にいえば、よく似た「不定詞」と「動名詞」を比較しながら学習できるので、かえって整理されて頭の中に入るんじゃないの？

ゆり　そんなものでしょうか？

先生　それから、不定詞には「3つの用法」があるけど、ここは学校じゃないから、**用法名は覚えなくていいよ。**

ゆり　私は「名詞用法」とか「副詞用法」という言葉自体に、な

ぜか頭が拒絶反応を起こすんです（笑）。

先生 このレッスンでは、**3種類の意味があること**を確認するだけでいいから（笑）。

Point 30 ● 不定詞：to＋動詞の原形

① 名詞と同じ働き（〜すること）
② 副詞と同じ働き（〜するために、〜して）
③ 形容詞と同じ働き（〜するための、〜すべき）

先生 まず、①は「名詞と同じ働き」をするので、**「名詞がどんな働きをするのか」**がわかればいいんだね。どんな働きをすると思う？

ゆり そうですね…、まず**「主語」**になりますね。

先生 いい調子だ。他にはどう？

ゆり 「I like baseball.」から、**「目的語」**にもなりそうですね。

先生 うん、よくできたね。それからもう1つ、**「補語」**にもなるんだ。

ゆり 補語はたしか何かを補うというか、何かを説明する語のように記憶してるんですけど…。

先生 まあ、そんなところだね。でも、その「何か」をはっきりさせておく必要がある。簡単にまとめると、「補語」というのは、「He is a teacher.」や「He is kind.」の「a teacher（名詞）」「kind（形容詞）」のように、**「主語の意味を補う語」**、ここでは**「主語がどんな人であるかを説明する語」**ということになるかな。

「不定詞」 153

ゆり　それじゃ、「名詞と同じ働き」をする不定詞は、文の中で「主語」「目的語」「補語」の3つの働きをするわけですね。

先生　その通りだよ。例をあげて説明してみよう。

> **ここだけは押さえよう！** 名詞と同じ働きをする不定詞
>
> ① 主語になる（～することは）
>   例　**English** is easy.（**英語は**やさしい）
>   **To study English** is easy.
>   （**英語を勉強することは**やさしい）
>
> ② 目的語になる（～することを）
>   例　I like **English**.（私は**英語が**好きだ→**英語を**好む）
>   I like **to study English**.
>   （私は**英語を勉強するのが**好きだ→**することを**好む）
>
> ③ 補語になる（～することだ）
>   例　He is **a teacher**.（彼は**先生**だ）
>   My hobby is **to collect stamps**.
>   （私の趣味は**切手を集めることだ**）

先生　例を見てわかるように、本来は名詞を置くべき「主語・目的語・補語」のところに、すべて「to＋動詞の原形」が入ってるよね。

ゆり　図で見ると、文のしくみが一目でわかりますね。

先生　さらにわかりやすくするため、文のしくみを骨組みだけにしてみよう。

確認しよう！　名詞と同じ働きをする不定詞

① To _____ is _____.　　　（〜することは）

② ⎡ like ⎤
   ⎢ want ⎥ to _____　（〜するのが好きだ）
   ⎣ begin / start ⎦　　（〜したい）
   　　　　　　　　　　　（〜しはじめる）

③ _____ is to _____.　　　（〜することだ）

先生　①と③は、「**is**」を中心に左（①）と右（③）に「**to＋動詞の原形**」がくる特徴的な形をしているね。だから「**is**」をヒントに会話文を組み立てると簡単なんだ。②は「**like / want / begin / start＋不定詞**」の形がよく使われるから、チェックしておこう。

ミニ英会話　⑰

A : Where do you **want to visit** in Japan?
　　（日本ではどこへ行ってみたいですか？）
B : I **want to go** to Kyoto.
　　（京都へ行きたいです）

「不定詞」

CD 58 副詞と同じ働きをする不定詞

Key Sentence ④

I am glad **to see** you.
私はあなたに会えてうれしい。

ここだけは押さえよう! 副詞と同じ働きをする不定詞

① 目的を表す（〜するために）
　例 I **came** here **to play** tennis.（動詞を修飾）

　　（私はテニスを<u>するために</u>ここへ<u>来た</u>）

　※go（行く）、come（来る）などの自動詞がよく使われる。

② 原因・理由を表す（〜して）
　例 I was **surprised to hear** that.（形容詞・過去分詞を修飾）

　　（私はそれを<u>聞いて</u><u>驚いた</u>）

　※be glad[happy] to〜（〜してうれしい）、be surprised to〜（〜して驚く）などの感情を表す形容詞や過去分詞がよく使われる。

　「to play tennis」と「to hear that」は、「I came here」や「I was surprised」の後に、「目的」や「原因・理由」をはっきりさせるためにつけ加えたものと考えると、いいんじゃないかな。

CD 59

形容詞と同じ働きをする不定詞

Key Sentence ㊷

I want something **to drink**.

私は何か飲み物がほしい。

ここだけは押さえよう! 形容詞と同じ働きをする不定詞

名詞・代名詞の直後に置かれ、その名詞・代名詞を修飾する

① I want **something to eat**.

（私は**何か食べる物（食べるための何か）**がほしい）

② I have **time to play** tennis.

（私はテニスを**する時間（するための時間）**がある）

③ He has no **house to live in**.

（彼は**住む家（中に住むための家）**がない）

先生　形容詞は「a **new** car（**新しい**車）」のように、名詞の前に置くのがふつうなんだけど、**名詞の後に置く場合**もあったね。覚えてる？

生徒　「**～thing＋形容詞**」の形ですね（→p.98参照）。

先生　そうだね。それと同じように、形容詞と同じ働きをする不

「不定詞」　**157**

定詞の大きな特徴は、名詞・代名詞の直後に置かれた「to＋動詞の原形」が、**後から名詞・代名詞を修飾する**ことなんだ。これは、「〜thing＋形容詞」の形だけじゃなくて、次のような単語のときによく出てくるんだ。

---

book（本）／house（家）／time（時間）／money（お金）　など

(ゆり)　これまでの説明で、不定詞の3つの働きがよくわかりました。モヤモヤしてた頭の中がスッキリしましたよ。

(先生)　ついでに、①と③についてはもう少し説明しておこう。

ここだけは押さえよう！　形容詞その他

① **不定詞と形容詞がともにつく場合**
　→「〜thing＋形容詞＋不定詞」の語順
　例　Give me **something hot to drink**.
　（**何か熱い飲み物**をください）

③「**to＋動詞の原形**」の直後に前置詞がつく場合
　例　**live in** a house　⇒　a house **to live in**
　　（家に住む）　　　　　（**住む家＝中に住むための家**）
　例　**sit on** a chair　⇒　a chair **to sit on**
　　（いすに座る）　　　　（**座るいす＝上に座るためのいす**）
　例　**play with** a friend ⇒ a friend **to play with**
　　（友達と遊ぶ）　　　　（**遊び友達**
　　　　　　　　　　　　　　＝いっしょに遊ぶための友達）

(先生)　①は「hot」を「to drink」の後に置かないように。③の不定詞に前置詞がつく形は、「中に」とか「上に」などと、

頭の中で前置詞の意味を加えながら理解するといいね。

ミニ英会話 ⑱

A: How about something **to drink**?
（何か**飲み物**はいかがですか？）
B: No, thanks. I'm not thirsty.
（いいえ、結構です。のどは渇いてませんから）

Column

▶日本文化いろいろ

日本独特の文化を英語で表現してみましょう。

「How do you say that in English?（それは英語では何というのですか？）」

○ しょうゆ「soy sauce」
○ みそ「soybean paste」
○ もち「rice cake」
○ 刺身「sliced raw fish」
○ はし「chopsticks」
○ 茶わん「rice bowl」
○ 生け花「flower arrangement」
○ 茶道「tea ceremony」

「不定詞」

疑問詞＋不定詞の形

Key Sentence ❹₃
I don't know **what to** make.
私は何を作ったらよいかわからない。

Point 31 ● 疑問詞＋不定詞

① **how to ～**（～のしかた）
　例 I learned **how to** make a doll.
　（私は人形の作り方を習った）

② **what to ～**（何を～したらよいか）
　例 I don't know **what to** do.
　（私は何をしたらよいかわからない）

③ **which to ～**（どちらを～したらよいか）
　例 She didn't know **which to** choose.
　（彼女はどちらを選んだらよいかわからなかった）

④ **when to ～**（いつ～したらよいか）
　例 Please tell me **when to** sit down.
　（いつ着席したらよいか教えてください）

⑤ **where to ～**（どこへ～したらよいか）
　例 He didn't know **where to** go.
　（彼はどこへ行ったらよいかわからなかった）

「疑問詞＋to ～」は、「**know**（～を知っている）」や「**learn**（～を学ぶ）」の目的語となることが多いからね。

動詞＋人＋不定詞の形

Key Sentence ㊹
She **asked** me **to** help her.
彼女は私に手伝うように頼んだ。

Point 32● 動詞＋人＋不定詞(to＋動詞の原形)

① **want＋人＋to ～**（人に～してもらいたい）
  例 I <u>want you to</u> study.
  （私はあなたに勉強してもらいたい）

② **tell＋人＋to ～**（人に～するようにいう）
  例 He <u>told me to</u> get up early.
  （彼は私に早く起きるようにいった）

③ **ask＋人＋to ～**（人に～するように頼む）
  例 I <u>asked him to</u> help me.
  （私は彼に手伝ってくれるように頼んだ）

①について、次の2つの文を比較しながら説明しよう。

例
(1) I **want**　　**to buy** a book. (**I buy**＝私が買う)
  （私は本を買いたい）
(2) I **want** <u>you</u> **to buy** a book. (**You buy**＝あなたが買う)
  （私はあなたに本を買ってもらいたい）

「不定詞」

先生　(1)と(2)の違いはわかるよね。

ゆり　はい、(1)は**私が本を買う**のに対して、(2)は**あなたが買う**ということです。

先生　うん、そうだね。つまり、②の「want」の後の「you」は**不定詞「to buy」の意味上の主語**になり、①と②では本を買う人が「**逆**」になる。

ゆり　すると、②は「早く起きる」のが「私」で、③は「私を手伝う」のが「彼」になりますね。

先生　その通りだよ。よくわかってるみたいだね。あと2つ、不定詞を使った会話表現を紹介しておこう。

Point 33● その他の不定詞を使った表現

① **too**＋形容詞［副詞］＋**to**＋動詞の原形
＝ **so**＋形容詞［副詞］＋**that**＋主語＋**can't** ～
（あまりに…なので～できない）
　例　I am **too** tired **to** walk.
　＝ I am **so** tired **that** I **can't** walk.
　　（私はあまりに疲れているので歩けない）

② **How long does it take to**＋動詞の原形～？
（～するのにどのくらい時間がかかりますか？）
　例　**How long does it take to** get to the library?
　　（図書館までどのくらい時間がかかりますか？）

先生　①「too...to～」は、後から前に訳すと「～するにはあまりに…すぎる」となるけど、前から「**あまりに…なので～できない**」と訳すほうがふつうだね。あと、「so...that～」の

形では、「am」が過去の「was」になったら、「can't」は「couldn't」にかわるのはわかるよね。

(ゆり) はい、わかります。

(先生) ②の**「take」**は**「時間がかかる」**という意味だ。主語は必ず**「it」**を使うけど、**「それ」とは訳さない**ので注意が必要だね。

ミニ英会話 ⑲

A : Do you know **how to** use the copy machine, Tom?
（トム、コピー機の使い方を知ってる？）
B : Sure. I use it every day.
（もちろん。僕は毎日使うからね）

A : Excuse me. Where can I catch the bus to Shinjuku?
（すみません。新宿行きのバスはどこで乗るのですか？）
B : Over there.（あちらです）
A : **How long does it take to** get to Shinjuku?
（新宿までどのくらい時間がかかりますか？）
B : About ten minutes.（約10分です）

CD 64

動名詞の基本

Key Sentence ⓯

I **enjoy** sing**ing** in Karaoke boxes.
カラオケボックスで歌う**のは楽しい**。

不定詞の次は「**動名詞**」だ。動名詞ってどんな働きをすると思う？「動名詞」の字を見ながら考えてごらん。

何となくわかります。「動名詞」という字は「動詞」と「名詞」をくっつけたものなので、**動詞と名詞の両方の働き**をする感じがします。

先生　そういうことだね。それじゃ、動名詞をわかりやすくまとめてみようか。

ここだけは押さえよう！　動名詞：動詞の原形＋ing

動詞 + 名詞 = 動名詞（名詞と同じ働き）

動詞
go（行く）
make（作る）

　➡　

動名詞
going（行くこと）
making（作ること）

先生　まず、おさらいしたいのは、「**動名詞**」というのは「**不定詞**」**ととても仲がいい**ということだ。

ゆり　仲がいいって、どういう意味ですか？

先生 「名詞と同じ働きをする不定詞」のほとんどが動名詞に置きかえられるんだ。動名詞は名詞と同じ働きをするんだから、当然のことだよね。

ゆり ということは、名詞は「主語」「目的語」「補語」になるから、この3つの場合ということですね。

先生 さすが、いいところに目をつけたね。不定詞と動名詞がお互いに交換できるのは、「主語」「補語」「目的語」の場合だ。ところが「目的語」の場合だけは、好き嫌いが激しい一部の動詞たちによって、「動名詞なんか来ないで！」と毛嫌いされるんだね。人間社会でも同じようなことはよくあるけど（笑）。それじゃ、「主語」の場合を説明しようか。

例

《主語の場合》

① **To study** English is easy.（不定詞）

② **Studying** English is easy.（動名詞）
（英語を勉強することはやさしい）

先生 どちらも「勉強する」という単語を入れて文を作りたいんだけど、「study」は入れられない。動詞は主語にはならないからね。そこで、①は頭に帽子「To」をかぶり、②はオシリにしっぽ「ing」をつけることで名詞に変身する。どちらも同じ意味だから、「不定詞」と「動名詞」がお互いに交換できることはわかるよね。

ゆり わかります。もちろん、補語の場合も同じですね。

先生 そういうことだね。それじゃ、**「目的語」**の場合も例文で説明してみよう。

例

《目的語の場合》

① I **like** to study English.（不定詞）
　　　　　⇕
② I **like** studying English.（動名詞）
　（私は英語を**勉強するのが**好きだ）

③ ○ I **want to study** English.（不定詞）
　（私は英語を**勉強したい**）

④ × I **want** studying English.

先生 例文の①②の**「like」**は「不定詞」と「動名詞」の両方と仲良くできるけど、③④の**「want」**は「動名詞」と相性がよくないんだ。

ゆり そういえば、動名詞としか仲良くできない動詞もありましたよね。**「mind」「enjoy」「finish」**がなんとなく記憶に残ってるんですが…。

先生 よく覚えてるね。その3つで十分だ。ところで、動名詞について、もう1つ押さえておきたいのは、動名詞は**「前置詞の目的語になる」**ということ。つまり、**前置詞の後には必ず「名詞」がくる**んだ。だから、もし前置詞の直後に動詞を置きたいときには、その動詞を動名詞にかえる必要がある。例をあげると、

I am fond **of studying** English. ということだ。

動名詞と不定詞をとる動詞

① 「動名詞」としか仲良くできない動詞
（enjoy / finish / mind など）
例 I **enjoyed** play**ing** tennis.（私はテニスを**楽しんだ**）
He **finished** writ**ing** a letter.（彼は手紙を書き**終えた**）
Do you **mind** wait**ing** for me?
（私を待って**くれませんか？**）

② 「不定詞」としか仲良くできない動詞
（want / wish / hope / decide など）
例 I **want to buy** a CD player.
（私は CD プレーヤーを**買いたい**）
I **hope to go** there again.（私は再びそこへ**行きたい**）
He **decided to be** a writer.
（彼は作家に**なろうと決心した**）

③ 「動名詞」と「不定詞」の両方と仲良くできる動詞
（like / love / begin / start など）
例 I **like** play**ing** [**to play**] the piano.
（私はピアノを**弾くのが好きだ**）
He **began** clean**ing** [**to clean**] his room.
（彼は自分の部屋を**掃除しはじめた**）
It **started** snow**ing** [**to snow**].（雪が降りはじめた）

④ 「動名詞」と「不定詞」では意味が異なる動詞
(1) **stop 〜ing**（〜することをやめる）
stop to 〜（〜するために立ち止まる）
例 He **stopped** smok**ing**.（彼は**たばこを吸うのをやめた**）
He **stopped to smoke**.
（彼は**たばこを吸うために立ち止まった**）

「不定詞」 **167**

(2) **remember ～ing**（過去に～したことを覚えている）
 remember to ～（未来に～することを覚えている）

例 I **remember** see**ing** him.
（私は彼に**会ったことを覚えている**）
Please **remember to mail** this letter.
（**忘れずに**この手紙を**出してください**）

(3) **forget ～ing**（過去に～したことを忘れる）
 forget to ～（未来に～することを忘れる）

例 I'll never **forget** visit**ing** this museum.
（私はこの博物館を**訪れたことを決して忘れないだろう**）
Don't **forget to lock** the door.
（ドアに**かぎをかけるのを忘れるな**）

ミニ英会話 ⑳

A : My hobby is **playing** the guitar. What's your hobby?
（私の趣味はギターを弾くことなの。あなたの趣味は？）
B : My hobby is **traveling**. My dream is **to travel** all over the world someday.
（**旅行**だね。僕の夢は、いつか世界中を**旅行することさ**）

One Point Lesson 不定詞と動名詞の比較

不定詞 to＋動詞の原形	動名詞 動詞の原形＋ing
① 名詞としての働き （〜すること）	① 名詞としての働き （〜すること）
(1) 主語になる 例 **To study** English is easy. （英語を勉強することはやさしい）	(1) 主語になる 例 **Studying** English is easy. （英語を勉強することはやさしい）
(2) 補語になる 例 My hobby is **to collect** stamps. （私の趣味は切手を集めることです）	(2) 補語になる 例 My hobby is **collecting** stamps. （私の趣味は切手を集めることです）
(3) 目的語になる 例 I like **to study** English. （私は英語を勉強するのが好きだ） like / love / begin / start	(3) 目的語になる 例 I like **studying** English. （私は英語を勉強するのが好きだ） like / love / begin / start
例 I want **to study** English. （私は英語を勉強したい） want / wish / hope / decide	例 I enjoyed **playing** tennis. （私はテニスを楽しんだ） enjoy / finish / mind
② 副詞としての働き (1) 目的を表す 　（〜するために） (2) 原因・理由を表す 　（〜して）	② 前置詞の目的語になる （前置詞の後に置く） 例 I am fond **of** **studying** English. （私は英語を勉強するのが好きだ）
③ 形容詞としての働き （〜するための）	

8時間目

「不定詞」 169

Questions & Answers

Q: (　　) 内の動詞を適する形にかえてみよう！

① I want (see) your father.
② She enjoyed (play) tennis in the park.
③ I asked him (help) me.
④ I am fond of (watch) television.
⑤ Did you finish (read) this book?
⑥ He told me (get) up early.
⑦ My sister stopped (cry).
⑧ My mother is good at (cook).

Column

▶本気なの？

名詞の「kid」には、「子ヤギ」や人間の「子ども」という意味があります。ところが動詞になると、**「からかう」「冗談をいう」**の意味にかわります。

人の話を聞いて驚いたりしたとき、「You're kidding!」とか「Are you kidding?」などと使います。日本語では**「冗談でしょう」「まさか！」「本気なの？」**がピッタリです。

A：

① **to see**（訳：私はあなたのお父さんに会いたい）
「want」は「不定詞」だけを目的語にとる動詞。

② **playing**（訳：彼女は公園でテニスをして楽しんだ）
「enjoy」は「動名詞」だけを目的語にとる動詞。

③ **to help**（訳：私は彼に手伝ってくれるように頼んだ）
「ask＋人＋to ～」人に～するように頼む

④ **watching**（訳：私はテレビを見るのが好きだ）
前置詞の後には名詞がくるので「動名詞」にする。
「be fond of = like」～が好きだ

⑤ **reading**（訳：あなたはこの本を読み終えましたか？）
「finish」は「動名詞」だけを目的語にとる動詞。

⑥ **to get**（訳：彼は私に早く起きるようにいった）
「tell＋人＋to ～」人に～するようにいう

⑦ **crying**（訳：私の妹は泣きやんだ）
「stop」の後に動名詞がくるときは「～することをやめる」。

⑧ **cooking**（訳：私の母は料理が上手だ）
「at」の後は「動名詞」。「be good at」～が上手だ

Column

▶セーターを着るとやせる？

運動をすると噴き出す玉の汗。この「**汗**」は英語で「sweat」といいます。**セーター**は「sweat」に「er」をつけたものですが、もともとはスポーツ選手が減量のために汗を流すことを目的として着たことから「sweater」と呼ばれるようになりました。

この「sweat」を使った単語には、「sweatshirt（トレーナー）」「sweatpants（トレーニングパンツ）」などがあります。

究極のsweaterね

9時間目

英語にあって日本語にないもの
「現在完了」

> She has slept for 100 years. Please kiss her.

現在完了は「過去」のこと、それとも「現在」のこと?

　「過去」から「現在」までの動作・状態を表現する「現在完了」。その起点となる過去のある日を、そっとのぞいてみたいものですね。ドラえもんの「どこでもドア」で小さな冒険を!

継続を表す現在完了

Key Sentence ㊻
I **have known** her for a year.
私は1年前から彼女を知っている。

> 今日は「現在完了」を説明しよう。
>
> 現在完了には、ずいぶん悩まされた記憶があります。
>
> (先生) そうだろうね。というのも、現在完了は日本語にはない英語独特の表現方法だからね。「現在完了」を簡単に定義づけると、「過去のある動作・状態の結果が現在に残っている」ことを表すんだ。つまり、過去の事実を述べながら必ず「今」の立場に立ってるんだ。現在完了は過去のことではなく、現在のことを中心にした表現なんだよ。

Point 34 ● 現在完了の基本形

```
肯定文：have [has]＋過去分詞〜
否定文：have [has]＋not＋過去分詞〜
疑問文：Have [Has]＋主語＋過去分詞〜？
        Yes, 主語＋have [has].
        No,  主語＋haven't [hasn't].
```

> (先生) 現在完了には4つの使い方があるけど、最もわかりやすい「継続」から復習していこう。

> **ここだけは押さえよう!** 現在完了の「継続」

継続：過去のあるときから現在まで、同じ状態が続いていることを表す
（今まで）ずっと〜している［である］
（今まで）〜し続けている

（過去）I **was** busy **yesterday**.　（現在）I **am still** busy.
　　（私は**昨日忙しかった**）　　　　　　（私は**まだ忙しい**）
　　　　過去の事実　　　　　　　　　　　　現在の状態

（現在完了）I **have been** busy **since yesterday**.
　　　　　（私は**昨日からずっと忙しい**）

例 I **haven't seen** him **since** last month.
（私は彼に先月**から会っていない**）
I **haven't seen** her **for** a long time.
（私は彼女に長い**間会っていない**）
How long have you **been** in Japan?
（あなたは**どのくらい**日本に滞在している**のですか？**）

「継続」でよく使う語句

since（〜以来）／**for**（〜の間）
How long 〜?（どのくらいの期間〜か？）など

先生　例文にある通り、現在完了は「昨日忙しかった」という「昨日の状態」が「現在まで続いている」ことを表している。そして、**視点はあくまで「現在」に置いている**んだ。

ゆり　現在完了は現在の文ではないけれど、**現在を含む文**と考えればいいんですね。

「現在完了」 **175**

先生 そうだね。次の例を見てみよう。

例

(過　去) ① I **lived** in Tokyo **three years ago**.
　　　　　（私は3年前東京に住んでいた）[過去の事実]

(現　在) ② I **still live** in Tokyo.
　　　　　（私はまだ東京に住んでいる）[現在の状態]

　　　　　　　①＋②　↓

(現在完了) ③ I **have lived** in Tokyo **for three years**.
　　　　　（私は3年間東京に住んでいる）

```
    ①      ③＝3年間      ②
    ├─────────────────┼──────────→
   3年前      過去      現在       未来
```

先生 ③の「**現在完了**」の文は、3年前の過去から現在まで、引き続き東京に住んでいる、つまり「**線**」を表してるけど、①「過去」や②「現在」の文は「**点**」を表してるんだ。

Column

▶ **何を予期してるの？**

ある日本人留学生が、ホームステイ先で「My wife is expecting.」というフレーズを小耳にはさみました。

そこで、つい「What is she expecting?（何を予期しているのですか？）」と聞いてしまいました。ご主人が変な顔をしたのはいうまでもありません。

実は、彼の奥さんが出産予定ということだったのです。「be expecting」で「**近いうちに赤ちゃんが生まれる**」という意味になります。

CD 67　経験を表す現在完了

Key Sentence ㊼

Have you ever been to Greece?

あなたはギリシャへ行ったことがありますか？

9時間目

ここだけは押さえよう！　現在完了の「経験」

経験：過去から現在までの経験を表す
　　　（今までに）〜したことがある

① **have [has] been to** 〜（〜へ行ったことがある）
　例　I **have been to** New York **before**.
　　　（私は**以前に**ニューヨーク**へ行ったことがある**）

② **Have [Has]＋主語＋ever＋過去分詞**〜？
　（今までに〜したことがありますか？）
　例　**Have** you **ever** read this book?
　　　（あなたはこの本を読んだ**ことがありますか？**）

③ **How many times** 〜？（何回〜したことがありますか？）
　例　**How many times** have you been to New York?
　　　（あなたは**何回**ニューヨークへ行った**ことがありますか？**）

「経験」でよく使う語句

ever（今までに、かつて）／**never**（1度も〜しない）
before（以前に）／**often**（しばしば）
once（1回）／**twice**（2回）／〜 **times**（〜回）など

「現在完了」　**177**

👤 「経験」もあくまで「現在」の立場から述べていることを忘れずに。①から③の形は「よく使う語句」といっしょに、しっかり押さえておこう。

👤 ところで、先生。現在完了の「疑問文」は、もちろん「Do you have been ～?」の形にはなりませんよね?

先生 その通り。というのは、**現在完了で使う「have」は「助動詞」**だからなんだ。「can」や「may」が主語の前に出て、「Can I ～?」「May I ～?」になるのと同じことだね。

ゆり **「持っている」の意味の「have」は、「動詞」**だから「do」を使うんですね。

先生 そうだね。

ゆり それじゃ、「否定文」も同じですね?

先生 **否定文**も「don't have」や「doesn't have」を使わずに、**「haven't」「hasn't」**を使うんだ。

📀 ミニ英会話 ㉑

A : Is this your first trip to Canada?
（カナダへは初めての旅ですか?）
B : Yes. I**'ve never been to** another country **before**.
（はい。以前に1度も他の国へ行ったことがありません）

178

完了を表す現在完了

Key Sentence ㊽

The concert **has already started**.

コンサートはもうはじまっていた。

ここだけは押さえよう！ 現在完了の「完了」

完了：動作が今、完了したことを表す
（今）〜したところだ、〜してしまった

例 I **have just written** a letter.
（私は**ちょうど**手紙を書き終え**たところだ**）
I **have already written** a letter.
（私は**もう**手紙を書き終え**てしまった**）
Have you **written** a letter **yet**?
（あなたは**もう**手紙を書き終え**てしまいましたか**？）
I **have**n't **written** a letter **yet**.
（私は**まだ**手紙を書き終え**ていない**）

「完了」でよく使う語句
just（ちょうど）／**already**（もう）／**yet**（もう、まだ）

「完了」も、「手紙を書き終えた」状態が今も続いていると考えれば同じことだね。基準はやはり「現在」にある。また、「完了」を表す文では、上の3つの語がよく使われるん

だけど、これらが置かれる位置について復習しておこう。

確認しよう! just / already / yet の位置

① **just / already / never** ⇒ **have [has]と過去分詞の間**
have [has] just
have [has] already ＋過去分詞
have [has] never

② **yet** ⇒ **文末**
Have [Has]＋主語＋過去分詞〜＋yet?
have [has]+not+過去分詞〜＋yet

(肯定文) just　　　　（ちょうど〜したところだ）
(肯定文) already　　（もう〜してしまった）
(疑問文) yet　　　　（もう〜してしまったか？）
(否定文) not 〜 yet　（まだ〜していない）

ゆり：先生、「I already have 〜」は間違いですよね。

先生：どういうわけか、「have [has]」と「過去分詞」はくっついて離れず、その間に「already」なんかを入れてはいけないと思い込んでいる人が多いんだ。現在完了の公式は「have [has]＋過去分詞」と、何度も繰り返し聞かされたからなんだろうね。

ゆり：間違えないための、何かいい覚え方はないですか？

先生：「haven't」の「not」と同じ位置に置くと覚えておくと簡単でいいかもしれないね。

ゆり：なるほど、これなら覚えられそう！

CD 70 ミニ英会話 ㉒

A: **Has** your father **come** home **yet**?
（あなたのお父さん、もう帰ってる？）
B: No, **not yet**.（いや、まだだよ）

A: **Have** you **had** lunch **yet**?（昼食はもうすんだの？）
B: No. Shall we go together?（まだだよ。一緒に行かない？）
A: Sure. Do you want pasta or pizza?
（いいわよ。パスタとピザのどちらにする？）
B: Let's have pasta today.（今日はパスタにしよう）

Column

▶「すみません」ではすまないよ

軽い気持ちで**謝罪する表現**の中で、最も一般的なのは「I'm sorry.（すみません）」です。

ところが日本人の場合、謝る場合だけでなく「お礼をいう場合」や「見知らぬ人に道などをたずねる場合」にも、「すみません」を使いがちです。「Thank you.」や「Excuse me.」というべきときに「I'm sorry.」を使うと、外国人の耳にはとてもおかしく聞こえます。「謝罪」以外で「I'm sorry.」を使わないようにしたいものです。

結果を表す現在完了

Key Sentence ㊾
Spring **has come.**
春がきた。

ここだけは押さえよう！ 現在完了の「結果」

結果：過去の動作の結果が現在も残っていることを表す
　　　〜してしまって（その結果、今は）〜である
　　　〜してしまった、〜になった、〜した

（過去）He **went** to America.　（現在）He **isn't** here **now**.
　　　　（彼はアメリカへ**行った**）　　　　（彼は**今ここにいない**）
　　　　　　過去の事実　　　　　　　　　　　　現在の状態

（現在完了）He **has gone** to America.
　　　　　（彼はアメリカへ**行ってしまった**）
　　　　　⇒（**そして、今ここにいない**）

　　現在完了の「結果」の例文を説明するよ。この文は「アメリカへ行った」結果として、現在「ここにいない」という意味が表されているんだ。

　　「He went to America.」は「過去の事実」とありますが、彼は今どこにいるんですか？

（先生）なかなかいい質問だね。この文は「過去の事実」を述べた

だけで、現在のことには触れてない。だから、彼は今帰っているかもしれないし、帰ってないかもしれない。**単なる過去形の文からは現在のことはわからないんだ。**他にも例文を紹介しておこう。

> **例**
> ① She **has become** a teacher.
>   (彼女は先生に**なった** ⇒ **今も先生である**)
> ② I **have lost** my watch.
>   (私は時計を**なくしてしまった** ⇒ **今それを持っていない**)
> ③ The doctor **has come**.
>   (医者が**来た** ⇒ **今もまだ家にいる**)

先生 ①が過去形の「She became a teacher.」という文だったら、「もしかしたら、今は先生をやめているかもしれない」ということだね。

ゆり 今まで、過去の文をそんなふうに深く考えたことはなかったです。ホントに役立ちました。会話でも、現在完了をどんどん使ってみたいな。

先生 そうだね。特に、「**経験**」なんかは応用が利くので、会話で使いやすいと思うよ。

ゆり がんばります。

先生 次に、現在完了を使った重要表現をまとめてみよう。

> ここだけは押さえよう！

「現在完了」の重要表現

① **have [has] gone to ～**
　(結果) ～へ行ってしまった ⇒ 今ここにいない
　例 He **has gone to** America.
　　（彼はアメリカ**へ行ってしまった** ⇒ **今ここにいない**）

② **have [has] been to ～**
　(1) (経験) ～へ行ったことがある
　　例 He **has been to** America.
　　　（彼はアメリカ**へ行ったことがある**）
　(2) (完了) ～へ行ってきたところだ
　　例 I **have been to** the library.
　　　（私は図書館**へ行ってきたところだ**）

③ **have [has] been in ～**
　(1) (継続) ずっと～にいる
　　例 I **have been in** Tokyo for three years.
　　　（私は3年間**ずっと東京にいる**）
　(2) (経験) ～にいたことがある
　　例 I **have been in** London.
　　　（私はロンドン**にいたことがある**）

先生　①「**have [has] gone to**（結果）」と②「**have [has] been to**（経験）」は、よく比較して押さえておくように。

現在完了で使えない語句

Key Sentence ㊾

I **met** him at the party **just now**.

たった今、彼にパーティーで会った。

🧑 現在完了は「現在のことを中心にした表現」と、今までに何度も繰り返したね。だから、現在完了ははっきり過去を表す語句とは一緒に使えないんだ。

👩 たとえば、「**yesterday**」や「**last year**」などですね。

ここだけは押さえよう！ 現在完了で使えない語句

when（いつ），yesterday（昨日），〜 ago（〜前）
last 〜（この前の〜），just now（たった今）など

① あなたは**いつ**このカメラを買いましたか？
  ○ **When** did you **buy** this camera?
  × When have you bought this camera?

② 私は**昨日**このカメラを買いました。
  ○ I **bought** this camera **yesterday**.
  × I have bought this camera yesterday.

(ゆり) 過去を表す「yesterday」や「〜 ago」「last 〜」はよくわかります。でも、「When 〜 ?」や「just now」はなぜダメなんですか？

「現在完了」

先生 答えるときのことを考えてごらん。「When ～ ?」と聞かれたら、「yesterday」や「three weeks ago（3週間前）」「last week（先週）」などと答えるはずだね。つまり、疑問詞の**「when」は「特定の日時(＝点)」を聞いている**わけで、「線」を表す現在完了とは一緒に使えないんだ。また、**「just now」**は**「たった今バスが出たところ」**でわかるように、**「ちょっと前に」**の意味になる。つまり「過去」だ。現在完了は「今」が基準だから、これもダメだね。

ゆり よくわかりました。

先生 もう1つ注意しておくけど、「since（～以来）」を使った「since yesterday」や「since last week」の形は現在完了と一緒に使えるからね。

Column

▶これ、どう思う？

「～についてどう思いますか？」は、あることについて相手に何か意見を求めたいときの表現です。これを「どう→どんなふうに→how」と思い込み、つい「How do you think of ～?」とやってしまいがちです。でも、実際にはこのような言い方はしません。

「What do you think of [about]～?」が正解です。「～について 何を 思いますか？」と考えると間違えなくなります。意見やアドバイスを求める表現として、どんどん使ってみましょう。

One Point Lesson 「for」と「since」

「for」と「since」の使い分けがわからないと、よく質問されます。しかし、これはとても簡単なんです。次のようにすれば、決して間違えることはありません。

Point 35 ● 「for」と「since」の使い分け

① **for＋ある特定の期間（〜の間）**
 (two days / five years など)

② **since＋過去の具体的なある時（〜以来、〜から）**
 (yesterday / last year など)

見分け方

迷ったら「for」と「since」の両方を入れてみる。

例1 I haven't seen him (**for**) **five years**.
 （私は彼に5年間会っていない）

例2 I haven't seen him (**since**) **last month**.
 （私は彼に先月以来会っていない。）

例1 に「since」を入れる ⇒「5年以来」
例2 に「for」を入れる ⇒「先月間」
どちらも日本語として意味不明になる！

「現在完了」

CD 73

be 動詞の付加疑問文

Key Sentence (51)

It's nice today, **isn't it?**

今日はいい天気ですね。

次は**「付加疑問文」**に入ろう。付加疑問文というのは、**「〜ですね」と相手に念を押したり、同意を求める**文だったね。文の形は次のようになるので、しっかり確認してほしい。

Point 36 ● 付加疑問文の基本

………,　〜n't　＋　主語？
　　　　（短縮形）（代名詞）

① 肯定文…，否定の付加疑問？（〜ですね）

例 **Tom is** busy, **isn't he**?（トムは忙しいですね）

② 否定文…，肯定の付加疑問？（〜ではありませんね）

例 **Tom isn't** busy, **is he**?（トムは忙しくありませんね）

※否定の付加疑問は「短縮形」を使う。
　付加疑問の主語は「代名詞」を使う。

先生　**付加疑問文の作り方**を復習するけど、まずは**「be 動詞」**の場合からはじめてみよう。

Point 37 ● be動詞の付加疑問文

	肯定＋否定の付加疑問？	否定＋肯定の付加疑問？
現　在	is　　⇒ , isn't ～?	isn't　　⇒ , is ～?
	are　⇒ , aren't ～?	aren't　⇒ , are ～?
過　去	was　⇒ , wasn't ～?	wasn't　⇒ , was ～?
	were ⇒ , weren't ～?	weren't ⇒ , were ～?

先生　「be動詞」の場合は、**「n't」をつけたり取ったりするだけ**でいいから簡単だね。ただし、付加疑問の**主語を「代名詞」にかえる**ことを忘れないように。復習も兼ねて、**名詞を代名詞にかえる練習**をやっておこう。

> **例**
> ① your camera　② her parents　③ Tom and Mary
> ④ his mother　⑤ your father　⑥ the children
> ⑦ Mr. Smith　⑧ that river　⑨ Jane　⑩ her sister

先生　まず、①から⑤までの単語を代名詞にかえてごらん。

①カメラは物だから「it」、②両親は「they」、③彼と彼女が2人だから「they」、④お母さんは「she」、⑤お父さんは「he」になります。

先生　順調、順調。じゃ、⑥から⑩も頼むよ。

ゆり　え〜っと、⑥「children」は複数だから「they」、⑦スミス氏は男だから「he」、⑧川は「it」、⑨ジェーンは「she」、⑩姉または妹は「she」です。

先生　すばらしい出来だ。全問正解だよ。

「現在完了」

ゆり	先生から教わったように、「**your**」や「**her**」などを見ないでやったんです。「カメラ」や「両親」など、**残りの名詞だけを見れば簡単**です。
先生	解き方のコツをしっかり押さえたみたいだね。

CD 74 ミニ英会話 ㉓

A: Tomorrow is your birthday, **isn't it**?
（明日はあなたのお誕生日ね）
B: How did you know?
（どうしてわかったの？）
A: Your sister told me. （あなたのお姉さんから聞いたの）

A: It was a very hot day yesterday, **wasn't it?**
（昨日はとても暑い日でしたね）
B: Yes, it really was. （ええ、本当に暑かったですね）

Column

▶「どうして？」っていわれても…

「Why don't you〜？（〜してはどうですか？）」は、**何かを提案するとき**によく使われる表現です。

ある学生が「Why don't you come and see me tonight？（今夜うちに遊びに来ませんか？）」といわれて、反射的に「Because 〜」と答えようとしたそうです。これは、「Why don't you come 〜？」を「どうして君は来ないんだ？」と解釈したことから生じた誤解です。

本当によく使われる表現なので、ぜひ覚えておきたいものです。

一般動詞の付加疑問文

Key Sentence 52

You went to the movies yesterday, **didn't you?**

昨日、あなたは映画を見に行きましたね。

Point 38 ● 一般動詞の付加疑問文

	肯定＋否定の付加疑問？	否定＋肯定の付加疑問？
現　在	go など　⇒ , don't ～?	don't　⇒ , do ～?
	goes など ⇒ , doesn't ～?	doesn't ⇒ , does ～?
過　去	went など ⇒ , didn't ～?	didn't　⇒ , did ～?

「一般動詞」の「肯定文ではじまる文」は「否定の疑問形」を後につけるから、**まず「否定形」を作り、次に「疑問形」を作る**方法で進めていこう。その際、代名詞じゃない主語は**最初から「代名詞」にかえておく**こと。次の①の例を「否定文」にした後、「疑問文」にかえてごらん。

例

① **You like** playing tennis, (　　)(　　)?
（あなたはテニスをするのが好きですね）
② **Your father likes** playing tennis, (　　)(　　)?
（あなたのお父さんはテニスをするのが好きですね）
③ **Mary went** to the park yesterday, (　　)(　　)?
（メアリーは昨日公園へ行きましたね）

(ゆり) You don't like playing tennis.（否定文）
Don't you like playing tennis?（疑問文）だから、
答えは「<u>don't you</u>」ですね。

先生 その通り。②も同じようにやってみよう。

(ゆり) He doesn't like playing tennis.（否定文）
Doesn't he like playing tennis?（疑問文）だから、
答えは「<u>doesn't he</u>」です。

先生 OK！ ③では動詞以下を省いて「she didn't→didn't she」のように考えよう。そのほうが早いからね。

(ゆり) 「she didn't→Didn't she」なので、答えは「<u>didn't she</u>」。

先生 そうだね。**「否定文ではじまる文」の場合はただ「n't」をとればいいので**簡単だ。

例の解答

① **You** like playing tennis, **don't you**?
② **Your father** likes playing tennis, **doesn't he**?
③ **Mary** went to the park yesterday, **didn't she**?

CD 76 ミニ英会話 ㉔

A : You like reading novels, **don't you**?
（あなたは小説を読むのが好きですね）
B : Yes, especially mysteries.
（うん、特にミステリーがね）

助動詞の付加疑問文

Key Sentence ❺❸

Mary can drive, **can't she?**

メアリーは車を運転できますね。

Point 39 ● 助動詞の付加疑問文

	肯定＋否定の付加疑問？	否定＋肯定の付加疑問？
現在	can ⇒ , can't ～?など	can't ⇒ , can ～?など
過去	could ⇒ , couldn't ～?など	couldn't ⇒ , could ～?など
未来	will ⇒ , won't ～?	won't ⇒ , will ～?
現在完了	have [has]＋過去分詞 ⇒ , haven't [hasn't]～?	haven't [hasn't]＋過去分詞 ⇒ , have [has] ～?

「助動詞」の場合も「be動詞」と同じように簡単で、「**won't**」**以外は、「(n)'t」をつけたり取ったりするだけ**でいい。現在完了の「have [has]」は「don't [doesn't]」にしないように。次の①からやってみよう。

例

① **Your father can't** swim, (　　)(　　)?
（あなたのお父さんは泳げませんね）

② **Tom will** come here soon, (　　)(　　)?
（トムはまもなくここに来ますね）

③ **Mary hasn't** finished her homework, (　　)(　　)?
（メアリーは宿題をやり終えていませんね）

「現在完了」

（ゆり）「can't」は「can」、「your father」は「he」になるので、答えは「can he」です。

(先生) それでいいね。②はどう？

(ゆり) 「will not」の短縮形を使って「won't he」になります。

(先生) これも正解だ。最後の③にいこう。

(ゆり) 「hasn't」は「has」、「Mary」は「she」だから、「has she」が答えです。

(先生) よくできたね。付加疑問文は「最初の文」と「付け加える文」とが逆の形になるので、「(肯定・否定)(否定・肯定)のルール」と覚えておくこと。

Column

▶花に水をやってね

「rain（雨）」「snow（雪）」「water（水）」は、誰もが知っている名詞です。そして「rain」は「雨が降る」、「snow」は「雪が降る」と、どちらも動詞で使うこともよく知られています。

では、「water」にも**動詞はある**のでしょうか？実はあるのです。「**～に水をかける、水をまく**」という意味です。「water the flowers（花に水をやる）」のように使います。

命令文と Let's ～の付加疑問文

Key Sentence ㊴

Let's dance, shall we?
踊りませんか？

Point 40 ● 「命令文」と「Let's」の付加疑問文

① 命令文 ⇒ 命令文～, will you?（～してくれませんか）

※「肯定文・否定文」のどちらでも同じ形

（肯定）**Open** the window, **will you**?
（窓を開けてくれませんか？）

（否定）**Don't open** the window, **will you**?
（窓を開けないでくれませんか？）

②「Let's～.」の文 ⇒ Let's～, shall we?（～しましょうか）

例 **Let's** go to school, **shall we**?
（学校へ行きましょうか？）

①は「<u>Will you open the window?</u>」、②は「<u>Shall we go to school?</u>」など、後に付け加えた「付加疑問形」を前に出す疑問文と似た意味になるので、わかりやすいと思うよ。「Will you ～?」も「Shall we ～?」も、「未来」のところでやったからね。どう、覚えてる？

もちろんです！ まかせてください（笑）。

「現在完了」 195

間接疑問文の作り方

Key Sentence 55

I don't know **where she lives**.

私は**彼女がどこに住んでいるのか**知らない。

Point 41 ● 間接疑問文の基本

know / wonder など ＋疑問詞＋主語（＋助動詞）＋動詞
「〜を知っている、〜かしら」

① **Who** is he?（彼は誰ですか？）
  I know **who** **he is**.（私は彼が誰なのか**知っている**）

② **Where** does he live?（彼はどこに住んでいるのか？）
  I wonder **where** **he lives**.（彼はどこに住んでいるのかしら）

最後に「**間接疑問文**」を復習して今日は終わりにしよう。**Point41**の例文を見てわかるように、間接疑問文というのは、**疑問詞ではじまる疑問文が他の文に組み込まれた形**をいう。ふつうの疑問文とは違って、直接相手に何かを尋ねているわけではないから注意しよう。

疑問詞の後の**主語と動詞の語順が逆**になるんでしたよね。

先生 そうだね。「I know」「I wonder」などの後に「疑問文」を付け加えるときは、「疑問詞以下」が「主語＋動詞」の語順となって疑問文の形がなくなる。つまり、「ふつうの文の形」にかわってしまうんだ。

ゆり だから②の例文のように、「does」がなくなって「lives」と「s」がつくわけですね。

先生 その通りだ。いろんな例文を紹介しておこう。

> **例**
>
> ① **Where** did you live?（一般動詞過去）
> I know **where** you lived.（どこに住んでいたのか）
>
> ② **What** can you do?（助動詞）
> I know **what** you can do.（何ができるのか）
>
> ③ **What** are you doing now?（現在進行形）
> I know **what** you are doing now.（何をしているのか）
>
> ④ **When** was it broken?（受動態）
> I know **when** it was broken.（いつ壊されたか）
>
> ⑤ **Where** has he gone?（現在完了）
> I know **where** he has gone.（どこへ行ってしまったのか）
>
> ⑥ **Who** came?（疑問詞が主語）
> I know **who** came.（誰が来たか）

先生 ⑥の疑問詞が主語になる場合は、間接疑問文になっても、その語順はかわらないことを確認しておこう。

if を使った間接疑問文

Key Sentence 56

I wonder **if he will come here tomorrow**.

彼は明日ここに来るかしら。

疑問詞を使ってない疑問文を間接疑問文にかえるには、疑問詞のかわりに「if」を使えばいいんだ。残りの手順は同じだから簡単だね。

Point 42 ● 「if」を使った間接疑問文

> know
> wonder など ┐+if+主語(+助動詞)+動詞
> 「(〜かどうか) 知っている、〜かしら」

① Do you **know if** he is free?
（あなたは彼がヒマかどうか知っていますか？）

② I **wonder if** it will rain tomorrow.
（明日雨が降るかしら）

Questions & Answers

Q：(　　) 内から適する語を選んでみよう！

① I have just (do / did / done) my homework.
② I have already (read / readed / reading) this book.
③ I (have visited / visited / visiting) the museum last year.
④ Have you (wrote / written / writing) the story yet?
⑤ I (knew / have known / knowing) him since 1990.
⑥ Have you ever (be / been / gone) to England?
⑦ I (did / have done / doing) this work just now.

Column

▶勉強はどこでする？

「study（勉強する）」という単語は中学で習うので誰でも知っていますね。名詞は「勉強」以外に**「書斎、勉強部屋」**という意味もあります。

では、「book（本）」の**動詞**はどんな意味になるのでしょう？　日本でも、旅行代理店などでよく使っています。きっとみなさんもご存じでしょう。「ブッキング(booking)」がそれです。「**(部屋・座席・切符など)を予約する**」という意味で使います。

A：

① **done**（訳：私はちょうど宿題をやり終えたところだ）

「have + just + 過去分詞」ちょうど〜したところだ

② **read**（訳：私はもうこの本を読んでしまった）

「have + already + 過去分詞」もう〜してしまった

③ **visited**（訳：私は昨年、その博物館を訪れた）

「last year（昨年）」は現在完了の文では使えない。

④ **written**（訳：あなたはもうその物語を書きましたか？）

「Have + 主語 + 過去分詞〜 + yet？」もう〜してしまったか
「have + not + 過去分詞〜 + yet」まだ〜していない

⑤ **have known**（訳：私は1990年以来彼を知っている）

知り合っている状態が1990年以来続いている（継続）。

⑥ **been**（訳：あなたはイギリスへ行ったことがありますか？）

「Have + 主語 + ever been to 〜？」〜へ行ったことがありますか？
「have gone to 〜」〜へ行ってしまって今ここにいない（結果）

⑦ **did**（訳：私はたった今この仕事を終えた）

「just now（たった今）」は現在完了の文では使えない。

10時間目

英語の達人への扉
「関係代名詞」

複雑なイメージの「関係代名詞」もしくみがわかればカンタン

みなさん、9時間もの長い時間、お疲れさまでした。

10時間目は、英語通になりたい人だけ読み進んでください。9時間目までの内容を押さえただけで、中学英語の復習は十分なのです。でも…、そんなことをいわれると、余計ページをめくってみたくなりますね。

"禁断の扉"を開けて、「知的英語」を楽しみましょう！

主格の関係代名詞

Key Sentence 57

This is a car **which** was made in Germany.

これはドイツ製の車です。

- いよいよ今日で最後だね。まずは、「関係代名詞」を復習しよう。
- 関係代名詞と聞くと、中学時代の情けない日々を思い出します（笑）。本当に苦手でしたから…。
- 先生：中学で関係代名詞につまずいて、高校に入ってからも"英語アレルギー"を引きずってる人は、本当に多いからね。実をいうと、僕も中学時代に関係代名詞がわからなくて、相当に悩んだことがあったんだ。
- ゆり：へぇ～！　先生にもそんな頃があったんですか。
- 先生：高校に入ったはいいけど、そこでも関係代名詞を繰り返し習うんだ。しかも、内容ははるかに難しいものをね。しかたなく、僕は中学時代に使った参考書を読み返してみた。
- ゆり：高校生なのに、中学の参考書をですか？
- 先生：うん。ところが、ビックリしたねぇ～。以前、あれほど理解できなかった内容が、次から次へと頭の中に入ってくるんだ。そのとき、つくづく思ったよ。「**基本に戻ろう、中学英語に戻ろう**」ってね。

ゆり すべての基本は中学英語にある！（笑）

先生 それじゃ、「関係代名詞とは何か」というところからはじめよう。「関係代名詞」は2つの文をくっつける **"接着剤"** のような働きをする語だ。たとえば、最初に「私には友達がいる」とおおまかな内容を伝えておいて、後から「(彼は)ロンドンに住んでいる」と付け加えることで「どんな友達なのか？」を詳しく説明する。この2つの文の橋渡しをするのが「関係代名詞」なんだ。会話でも「物」や「人」の説明を後から加えることは、よくあることだね。前置きはこれぐらいにして、実際に関係代名詞を使って、2つの文を1つにくっつける練習をしてみよう。

> **例**
>
> ① I have a friend.　　② He lives in London.

先生 2つの文を1つにするには、次の3つの段階を踏めばいい。まず第1は、①と②の文の中から「同じ人」を意味する語を見つけてそれぞれに「下線」を引き、②の文の「代名詞以外の部分」には「波線」をつける。このとき、必ず①の文は「名詞」、②の文は「代名詞」になっている。どれとどれに線を引いたらいいと思う？

ゆり 名詞と代名詞ですから、「a friend」と「He」です。

先生 そうだね。ここで、「格の変化」を確認しておこう。

ここだけは押さえよう！ 「関係代名詞」の変化

	主　格	所有格	目的格
人	who	whose	whom
物・動物	which	whose	which

- **ゆり**　この格の変化は、だいたい頭の中に入ってます。「アイ、マイ、ミー」と同じように、「フー、フーズ、フーム」と何度も繰り返したから。
- **先生**　ここで思い出してほしいのは、「人」と「物」では使う"接着剤"が違うことだ。「所有格」だけは同じだけど。では、さっきの続きにいこうか。2番目には、②の文の代名詞を同じ格の関係代名詞と入れかえるんだ。やってごらん。格に注意してね。
- **ゆり**　「He」は人間で「主格」だから「who」になります。
- **先生**　その調子！　さて、最後に①と②の離れた短い下線をつないで1本の長い線にする。②の関係代名詞以下の文（波線部）は、前の名詞を後から修飾するので、必ずいっしょに連れていくこと。これで完成だ。
- **ゆり**　ずいぶん簡単ですね！（笑）
- **先生**　そう。この3段階さえ押さえればなんてことはないんだ。正解は「I have a friend who lives in London.」だね。ここまでの流れをもう1度まとめてみよう。

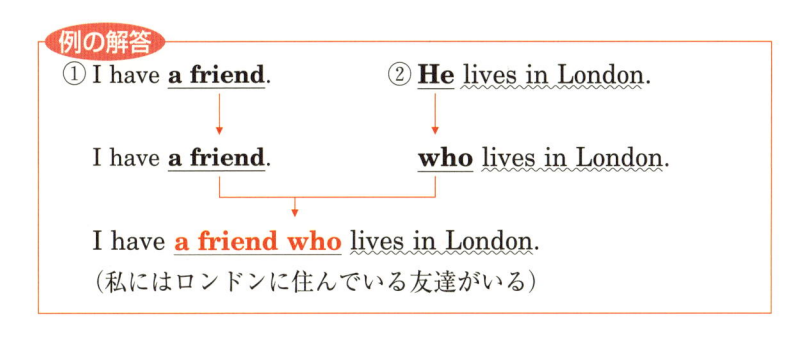

> **例の解答**
> ① I have **a friend**.　　② **He** lives in London.
>
> I have **a friend**.　　　　　**who** lives in London.
>
> I have **a friend who** lives in London.
> （私にはロンドンに住んでいる友達がいる）

先生　では、次の例文で同じことをやってごらん。

> **例**
> ① I have a dog.　　② It runs very fast.

ゆり　犬は物と同じだったから、下線は「a dog」と「It」で、波線は「runs very fast」です。

先生　OK！　代名詞と同じ格の関係代名詞は何になる？

ゆり　「It」は**物**で「**主格**」だから「**which**」ですね。

先生　その通り。最後に、2つをくっつけてごらん。

ゆり　「I have a dog which runs very fast.」が正解です。

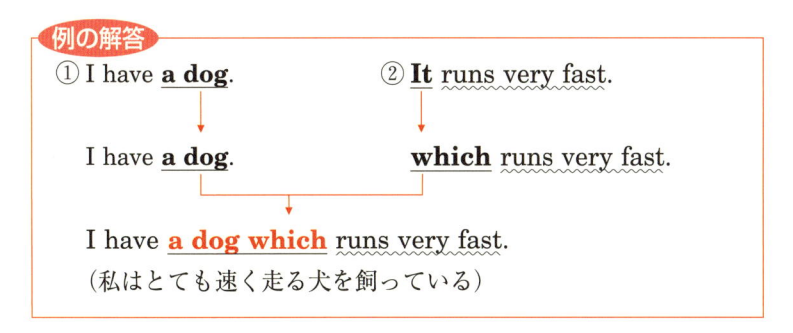

> **例の解答**
> ① I have **a dog**.　　② **It** runs very fast.
>
> I have **a dog**.　　　　　**which** runs very fast.
>
> I have **a dog which** runs very fast.
> （私はとても速く走る犬を飼っている）

10時間目

「関係代名詞」　205

所有格の関係代名詞

Key Sentence ❺❽

I met a girl **whose** father is a pilot.

私は父親がパイロットである少女に会った。

次は、3段階を通して一気にやってみよう。

> **例**
> ① I met a girl.　　② Her mother is a teacher.

「a girl」と「Her」に下線を引き、波線は「mother is a teacher」、「Her」は「所有格」だから「whose」ですね。
答えは「I met a girl whose mother is a teacher.」。
所有格は人も物も同じなのでラクです！

先生　よくできたね。他にも**「物」の場合は「主格」と「目的格」がともに「which」**なので、これまた得した気分だね（笑）。

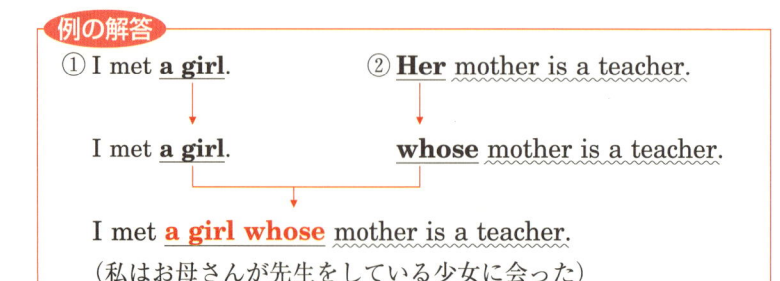

> **例の解答**
> ① I met **a girl**.　　② **Her** mother is a teacher.
>
> I met **a girl**.　　　　**whose** mother is a teacher.
>
> I met **a girl whose** mother is a teacher.
> （私はお母さんが先生をしている少女に会った）

目的格の関係代名詞

Key Sentence 59

This is the camera **which** I bought yesterday.

これは私が昨日買ったカメラです。

先生: 次の例はどうかな？

例
① She is a student.　　② I know her very well.

ゆり: あれっ？「She」と「her」じゃダメですよね？

先生: ①の文では、代名詞ではなく必ず**「名詞」を探す**んだ。

ゆり: ということは、「a student」と「her」ですか。

先生: そういうことだね。ところで、波線はどこにつけた？

ゆり: 「very well」です。

先生: じゃあ「I know」はどうなるの？ ②の文は**「代名詞以外はすべて波線をつける」**と覚えておこう。

ゆり: わかりました。この「her」は「know」の目的語だから**「目的格」**の**「whom」**に直すんですよね。答えは「She is a student I know whom very well.」です。

先生: ちょっとカン違いしてるみたいだね。正しくは、**「whom」**が抜けた後の波線をくっつけて**「I know very well」**にするんだ。

「関係代名詞」 **207**

> **例の解答**
> ① She is **a student**.　② I know **her** very well.
>
> She is **a student**.　　　　I know **whom** very well.
>
> She is **a student whom** I know very well.
> (彼女は私がとてもよく知っている生徒です)

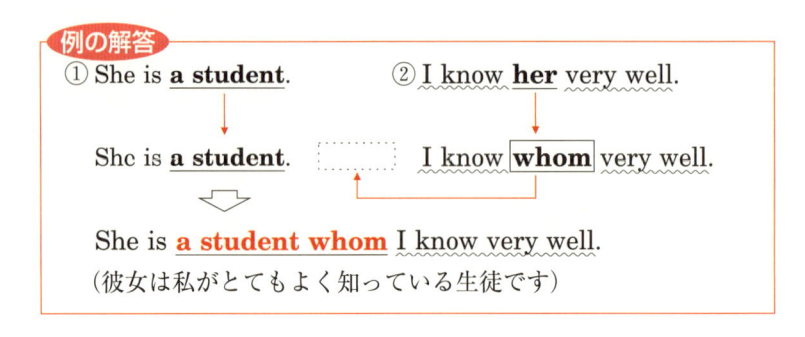

先生　「短い線＋短い線＝長い線」と「波線＋波線」が目的格の場合のポイントだね。それじゃ、次にいくよ。

> **例**
> ① The girl spoke English.　② I met her yesterday.

ゆり　「The girl」と「her」に下線、波線は「I met yesterday」。この「her」は「met」の目的語で「目的格」だから「whom」にかえて…。ちょっと**頭デッカチの文**になっちゃうけど、答えは「The girl whom I met yesterday spoke English.」です。

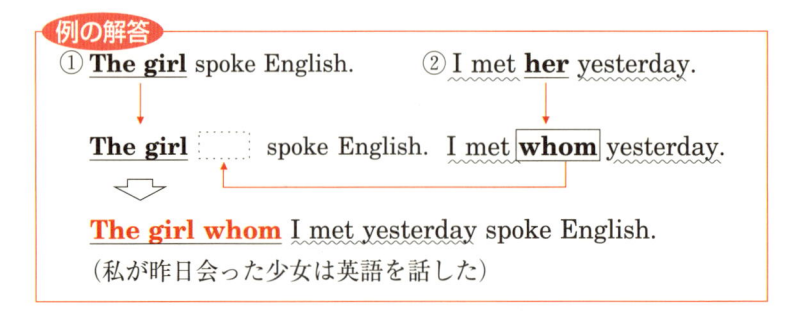

> **例の解答**
> ① **The girl** spoke English.　② I met **her** yesterday.
>
> **The girl**　　　spoke English.　I met **whom** yesterday.
>
> **The girl whom** I met yesterday spoke English.
> (私が昨日会った少女は英語を話した)

> **例**
> ① The boy is Tom.　　② He is playing baseball.

ゆり　あれっ？　今度は①と②に「同じ人」を表す語が3つもある。②は「He」でいいとして、①は「The boy」と「Tom」のどっちを選ぶんですか？

先生　①の「人」を選ぶとき、**「名前」や「家族・親戚関係」の単語は選んではいけないんだ。**たとえば、「Tom」や「Mary」「my father」「his sister」などだね。「Tom」と「The boy」を比べると、「トム」はどこの誰だかはっきりしてるけど、「少年」のほうはどんな少年なのかよくわからない。**2つのうち、説明する必要があるほうを選べばいいということだ。**

ゆり　ということは、「The boy」と「He」には下線、「is playing baseball」には波線をつけて、「He」は主語で「主格」なので「who」にします。だから、答えは「The boy who is playing baseball is Tom.」ですね。

先生　よくできた。合格だね！

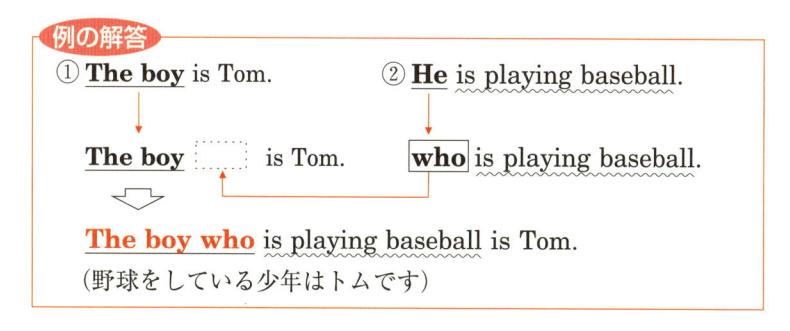

> **例の解答**
> ① **The boy** is Tom.　　② **He** is playing baseball.
>
> **The boy** [ ] is Tom.　　**who** is playing baseball.
>
> **The boy who** is playing baseball is Tom.
> （野球をしている少年はトムです）

「関係代名詞」

先生　これで関係代名詞については、ほとんど思い出したんじゃないかな？

ゆり　はい！　下線を使った解き方はわかりやすくて、中学時代に苦労してたのがウソみたいです！

先生　それはよかった。これまでに使った「3つの段階」をPointとしてまとめておくから、時々チェックするといいね。

Point 43 ● 2つの文のつなぎ方

STEP 1

①と②の文の中から「同じ人」または「同じ物」を意味する語を見つけて、2カ所（①は「名詞」、②は「代名詞」）に下線を引く。②の「代名詞以外の部分」には「波線」を引く。

STEP 2

②の「代名詞」を「同じ格（主格・所有格・目的格）の関係代名詞（who / whose / whom / which）」と入れかえる。

STEP 3

①と②の離れた下線（短い線）をくっつけて1本の長い線にする。「関係代名詞以外の部分（波線部）」は、前の名詞を後から修飾するので、必ず一緒に連れていく。

※関係代名詞の目的格「whom / which」は、省略されることが多い。

One Point Lesson　関係代名詞を使った作文

　英語を使って文通したいとは思いませんか？　でも、いざ書きはじめようとしても、なかなか先に進まないものです。日本語の文は頭の中には浮かんでいる。でも、かんじんの英語が出てこない。そんな人に、とっておきの方法を紹介しましょう。

　それは、頭の中に浮かんだ**日本文をいったん2つの「かたまり」に分けてから作文していく方法**です。これなら長い文でも書きやすいし、**関係代名詞を使えば2つの文をくっつけることができます**からね。

例
① 私には東京に住んでいる息子がいる。

例の解答
① 私には東京に住んでいる息子がいる。

(1) 日本文の中で大きな柱となっている「**Aは〜である**」「**AはBを〜する**」に下線を引いてそこを英語にする
　　私は（1人の）息子を持っている。⇒　I have a son.

(2) 残りの「名詞」を説明している部分に波線を引いてそこを英語にする
　　（彼は）東京に住んでいる　⇒　(he) lives in Tokyo
　　　　　　　　　　　　　　　　（「he」は「who」に）

(3) 2つの英語のかたまりを関係代名詞でくっつける
　　I have a son who lives in Tokyo.

> **例**
>
> ② ギターを弾いている少年はトムです。
> ③ 私はメアリーという名前の少女を知っている。
> ④ あれは私が昨日会った少女です。
> ⑤ 私が昨日会った少女は英語を話した。

> **例の解答**
>
> ② ギターを弾いている<u>少年は</u>トムです。
> (1) (その) 少年はトムです ⇒ The boy is Tom.
> (2) ギターを弾いている ⇒ (he) is playing the guitar
> 　　　　　　　　　　　　　(「he」は「who」に)
> (3) The boy **who** is playing the guitar is Tom.
>
> ③ 私は メアリーという名前の<u>少女を知っている</u>。
> (1) 私は (1人の) 少女を知っている ⇒ I know a girl.
> (2) メアリーという名前の → (彼女の) 名前がメアリーだ
> 　⇒(her) name is Mary (「her」は「whose」に)
> (3) I know a girl **whose** name is Mary.
>
> ④ <u>あれは</u>私が昨日会った<u>少女です</u>。
> (1) あれは (その) 少女です ⇒ That is the girl.
> (2) 私が昨日 (彼女に) 会った ⇒ I saw (her) yesterday
> 　　　　　　　　　　　　　(「her」は「whom」に)
> (3) That is the girl **whom** I saw yesterday.
>
> ⑤ 私が昨日会った<u>少女は</u><u>英語を話した</u>。
> (1) (その) 少女は英語を話した ⇒ The girl spoke English.
> (2) 私が昨日 (彼女に) 会った ⇒ I met (her) yesterday
> 　　　　　　　　　　　　　(「her」は「whom」に)
> (3) The girl **whom** I met yesterday spoke English.

One Point Lesson 関係代名詞の「that」

　主格・目的格「who / whom / which」の代わりに「**that**」も使われます。ただし、「**that」には所有格はない**ので、「whose」の代わりには使えません。なお「that」には**特別用法**があるので、それを紹介しましょう。

Point 44 ● 「that」の特別用法

① 先行詞が「人＋物・動物」の場合
　例 Look at **the boy and his dog** **that** are running.
　（走っている**少年と犬**をごらんなさい）

② 先行詞に「形容詞の最上級」がつく場合
　例 Tom is **the tallest** **boy** **that** I know.
　（トムは私が知っている**最も背の高い少年**だ）

③ 先行詞に以下のような語句がつく場合
　the first（最初の）／the last（最後の）
　the only（ただ１つの）／all（すべての）など
　例 This is **the first** **letter** **that** I got from him.
　（これは私が彼からもらった**最初の手紙**だ）

※「先行詞」とは関係代名詞以下の文が修飾する「名詞」（関係代名詞の直前の「名詞」）のこと。②③の「that」は目的格なので省略可能。

10時間目

「関係代名詞」 213

現在分詞の使い方

Key Sentence ⓺⓪

Who is the girl **dancing** with him?
彼と踊っている少女は誰ですか？

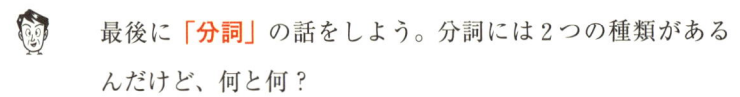

- 最後に「**分詞**」の話をしよう。分詞には2つの種類があるんだけど、何と何？
- 「**現在分詞**」と「**過去分詞**」です。でも現在分詞は、**動名詞とまったく同じ形**なので困ります！
- (先生) でも、現在分詞と動名詞は働きがまったく違うので、両者を混同しないこと。ところで、動名詞の働きは覚えてる？
- (ゆり) もちろんです。「名詞」と同じように使われます（→p.164参照）。
- (先生) その通りだね。ところが、同じ形でも「**分詞**」のほうは、「**形容詞」の働きをして名詞を修飾する**んだ。だから「**動名詞＝名詞、分詞＝形容詞**」と押さえておこう。

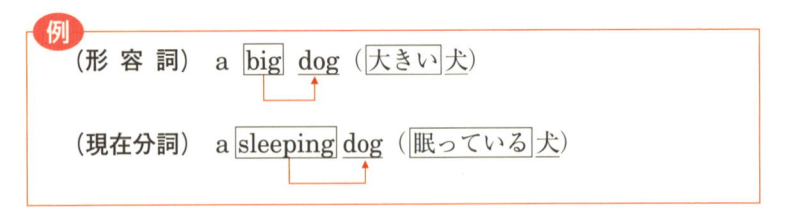

> **例**
>
> （形容詞）　a [big] [dog]（[大きい][犬]）
>
> （現在分詞）a [sleeping] [dog]（[眠っている][犬]）

- (先生) 分詞は形容詞と同じ働きをして名詞を修飾するといったけど、これは上の例文を見ればすぐわかるね。

ゆり 現在分詞「sleeping」が、形容詞「big」と同じように「dog」を修飾してるんですね。

先生 実は、これはまだわかりやすい形なんだ。現在分詞には**前から修飾するもの**と**後から修飾するもの**があるんだけど、後から前の名詞を修飾するほうが、少しややこしいかもしれない。2つを比較しながらまとめてみよう。

ここだけは押さえよう！ 現在分詞：動詞の原形＋ing

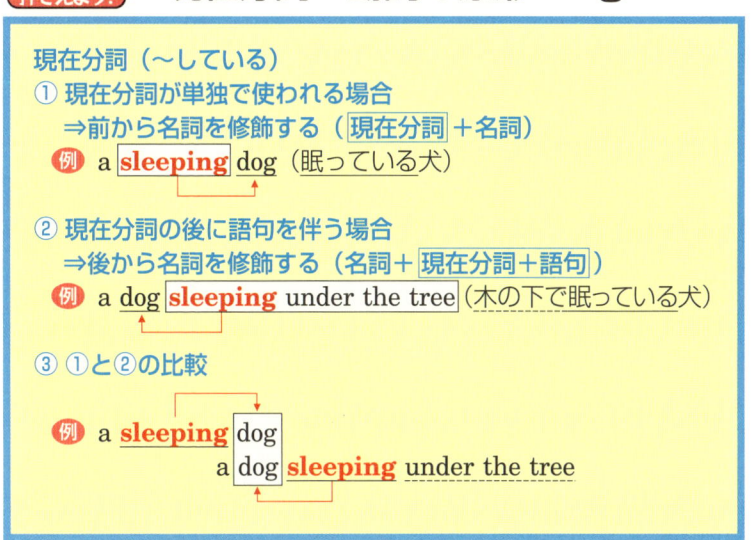

現在分詞（〜している）
① 現在分詞が単独で使われる場合
　⇒前から名詞を修飾する（現在分詞＋名詞）
　例 a **sleeping** dog（眠っている犬）

② 現在分詞の後に語句を伴う場合
　⇒後から名詞を修飾する（名詞＋現在分詞＋語句）
　例 a dog **sleeping** under the tree（木の下で眠っている犬）

③ ①と②の比較
　例 a **sleeping** dog
　　　a dog **sleeping** under the tree

ゆり 後に何か語句がくっついているときだけ、現在分詞を名詞の直後に置けばいいんですね。

先生 その通りだね。単語がいっぱいくっついた長い分詞を前に置くと、「sleeping」と「dog」の距離が離れすぎてしまうから、後にもってくるということだ。

ミニ英会話 ㉕

A: Who's (=Who is) the girl **dancing** with Tom over there?
　（あっちでトムと踊ってる少女は誰なの？）
B: She's(=She is) Alice.（アリスだよ）

A: Look at the birds **singing** in the bush.
　（やぶの中で鳴いてる鳥を見て）
B: They're(=They are) really pretty, aren't they?
　（ほんとにかわいいね）

Column

▶「留学する」「外食する」はどういう？

「夏には短期留学したいね」とか「夜は外食しない？」は、英語でどういえばいいのでしょうか？「外国へ行く→go abroad」「海外旅行をする→travel abroad」から推測してみてください。

留学の目的は、遊びではなくもちろん勉強ですね。だから、「**留学する→外国で勉強する**」と考えればいいのです。そう、「**study abroad**」ですね。「**外食する**」は、外で食べるから「**eat out**」になります。どうですか、簡単でしょう？

過去分詞の使い方

Key Sentence ❻

This is a picture **taken** by him.

これは彼が撮った写真です。

ここだけは押さえよう！ 過去分詞：動詞の原形＋ed

過去分詞（〜された、〜される、〜した）
① 過去分詞が単独で使われる場合
　⇒前から名詞を修飾する（過去分詞＋名詞）
　例 a **broken** dish（こわされた皿→こわれた皿）

② 過去分詞の後に語句を伴う場合
　⇒後から名詞を修飾する（名詞＋過去分詞＋語句）
　例 a dish **broken** by him（彼によってこわされた皿
　　　　　　　　　　　　　　→彼がこわした皿）

③ ①と②の比較

　例 a **broken** dish
　　 a dish **broken** by him

過去分詞も現在分詞と同じく、<u>単独で使われる場合は前から、語句を伴う場合は後から</u>名詞を修飾してるね。

「〜された、〜される」は、受動態で習った意味と同じですね。

先生　そうだね。ただ例文にあるように、「こわされた皿」などは

「関係代名詞」 **217**

「こわれた皿、彼がこわした皿」のほうが日本語らしくなるけどね。**最初「～された」と訳して、何となくおかしければ「～した」と直せばいいんだ。**ところで次の例文は、どこかで見たことない？

> **例**
>
> ① The girl **playing** tennis is Mary.
> ② I have a camera **made** in Japan.

(ゆり) そういえば、①は関係代名詞の「頭デッカチ型」とよく似てますね。②も「which was」の入った関係代名詞の文とそっくりです。

(先生) よく気がついたね。実は「**分詞**」というのは、関係代名詞を使った文から「**who is**」や「**which was**」**などを省略した形で使われる**んだ。なぜ僕が関係代名詞のあとで分詞を説明したのか、これで理由がわかったと思う。

(ゆり) 本当だ！　何だか手品を見てるみたい（笑）。

(先生) 中学の参考書なんかでは、「分詞」はふつう「動名詞」と同じ章に載せてあるんだ。だから、どうしても動名詞との比較ばかりが強調されてしまう。一方「関係代名詞」は、それよりずっと後に出てくる。これが「分詞」をわかりにくくしている１つの原因だね。

(ゆり) 本当は、**関係代名詞を先に理解してから分詞に入るべき**なんですね。

(先生) そうだね。**関係代名詞を使った文から「関係代名詞＋be 動**

詞」を省略すれば、**自動的に分詞になってしまうんだから。**

ゆり すると、分詞は関係代名詞さえ押さえていれば、すぐに理解できるということですね。

先生 そうなんだ。逆にいえば、関係代名詞の復習が中途半端である限り、分詞をいくら理解しようとしてもムリがあるということだね。

Point 45 ●「関係代名詞」と「分詞」の関係

「分詞」=「関係代名詞+be 動詞」を省略したもの

① The girl **who is playing** tennis is Mary.
= The girl   **playing** tennis is Mary.
（テニスをしている少女はメアリーです）

② I have a camera **which was made** in Japan.
= I have a camera   **made** in Japan.
（私は日本で作られたカメラを持っている）

先生 さあ、これでおしまいだ。長いようで短かった10時間のレッスンはどうだった？

ゆり なんだかアッという間に終わってしまいました。中学英語をこんなに集中して復習したのは、高校入試前以来だから。

先生 どう、少しは英語が使えるようになった？

ゆり 先生、聞いてください！　先週の金曜日、渋谷駅で道に迷ってるアメリカ人夫婦を助けてあげたんです。

先生 えっ！　それはスゴイね。

ゆり 今までは自分から話しかけるどころか、話しかけられても逃げ回ってばかりだったんです。でも、今回は思い切って「May I help you？」といって近づいて、NHKまで案内してあげました。ホント、胸がドキドキして大変だったけど、お年寄り夫婦はとっても喜んでくれました。何だか、日米のかけ橋になった気分です（笑）。

先生 それも立派な国際親善だと思うよ。本当におめでとう！

ゆり とにかく、**何よりも英語が好きになりましたね。そのうち、英語の資格試験にも挑戦してみたい**と思います。

先生 読者のみなさんとは、『CD付高校3年間の英語を10日間で復習する本』で、ぜひまたお会いしましょう！

Where there's a will, there's a way.
意志のあるところに道あり

Questions & Answers

Q：関係代名詞を使って1つの文にしてみよう！

> ① I know that man.
>   He is standing over there.
> ② He has a son.
>   His name is John.
> ③ The doll was very nice.
>   Lucy made it.
> ④ This is a car.
>   It was made in Japan.
> ⑤ She is a girl.
>   I like her very much.

A：

① **I know that man who is standing over there.**
（訳：私はあちらに立っているその人を知っている）

② **He has a son whose name is John.**
（訳：彼にはジョンという名前の息子がいる）

③ **The doll which Lucy made was very nice.**
（訳：ルーシーが作った人形はとてもすてきだった）
「which」は省略可能。

④ **This is a car which was made in Japan.**
（訳：これは日本で作られた［日本製の］車です）

⑤ **She is a girl whom I like very much.**
（訳：彼女は私が大好きな少女です）
「whom」は省略可能。

中学英語をモノにするための Key Sentence 一覧

CD 87　1時間目

① **I am a student.**
私は学生です。

② **He goes to school.**
彼は学校へ行く。

③ **My father plays golf.**
私の父はゴルフをする。

④ **Does she play tennis?**
彼女はテニスをしますか？

CD 88　2時間目

⑤ **I was busy yesterday.**
私は昨日忙しかった。

⑥ **I met Mary last night.**
私は昨夜メアリーに会った。

⑦ **Did she play tennis yesterday?**
彼女は昨日テニスをしましたか？

⑧ **I will go to America next summer.**
私は来年の夏にアメリカへ行くつもりだ。

⑨ **What are you going to do tomorrow?**
あなたは明日、何をするつもりですか？

⑩ **Tom and Alice are walking in the park.**
トムとアリスは公園を散歩しているところだ。

3時間目

⑪ **May I see your passport, please?**
パスポートを見せてください。

⑫ **Can I help you?**
何を差し上げましょうか？

⑬ **You may go with me.**
あなたは私と一緒に行ってもよい。

⑭ **You must sing.**
あなたは歌わなければならない。

⑮ **Let's go for a walk.**
散歩に行きましょう。

⑯ **Hurry up, or you will be late for school.**
急ぎなさい、さもないと学校に遅れますよ。

4時間目

⑰ **Love is blind.**
あばたもえくぼ。（ことわざ）

⑱ **How about another cup of coffee?**
コーヒーをもう一杯いかがですか？

⑲ **Whose piano is this?**
これは誰のピアノですか？

⑳ **This is her bag.**
これは彼女のバッグです。

㉑ **I know him.**
私は彼を知っている。

㉒ **This dress is mine.**
この服は私のものです。

CD 91　5 時間目

㉓ **She bought a new sweater.**
彼女は新しいセーターを買った。

㉔ **She has many boyfriends.**
彼女にはボーイフレンドがたくさんいる。

㉕ **This restaurant is very nice.**
このレストランはとてもすてきだ。

㉖ **He works hard.**
彼は熱心に働く。

㉗ **I sometimes exercise.**
私は時々運動する。

CD 92　6 時間目

㉘ **Mary is as tall as Kate.**
メアリーはケイトと同じ背の高さだ。

㉙ **Mary is older than Tom.**
メアリーはトムよりも年上だ。

㉚ **Bill is the tallest in his class.**
ビルはクラスの中でいちばん背が高い。

㉛ **Who are the ten best hitters?**
ベストテンに入っている打者は誰ですか？

㉜ **What a beautiful flower this is!**
これはなんて美しい花なのだろう！

CD 93　7 時間目

㉝ **This letter was written by Tom.**
この手紙はトムによって書かれた。

㉞ **English is spoken in Canada.**
英語はカナダで話されている。

㉟ **She was given this present by Tom.**
彼女はトムにこのプレゼントをもらった。

㊱ **By whom was America discovered?**
誰によってアメリカは発見されたのか？

㊲ **I was laughed at by him.**
私は彼に笑われた。

㊳ **I was surprised at the news.**
私はその知らせに驚いた。

㊴ **Where are you from?**
ご出身はどちらですか？

CD 94　8 時間目

㊵ **My dream is to be a movie actor.**
私の夢は俳優になることだ。

㊶ **I am glad to see you.**
私はあなたに会えてうれしい。

㊷ **I want something to drink.**
私は何か飲み物がほしい。

㊸ **I don't know what to make.**
私は何を作ったらよいかわからない。

㊹ **She asked me to help her.**
彼女は私に手伝うように頼んだ。

㊺ **I enjoy singing in Karaoke boxes.**
カラオケボックスで歌うのは楽しい。

9時間目

㊻ **I have known her for a year.**
私は1年前から彼女を知っている。

㊼ **Have you ever been to Greece?**
あなたはギリシャへ行ったことがありますか？

㊽ **The concert has already started.**
コンサートはもうはじまっていた。

㊾ **Spring has come.**
春がきた。

㊿ **I met him at the party just now.**
たった今、彼にパーティーで会った。

㉕ **It's nice today, isn't it?**
今日はいい天気ですね。

㉒ **You went to the movies yesterday, didn't you?**
昨日、あなたは映画を見に行きましたね。

㊳ **Mary can drive, can't she?**
メアリーは車を運転できますね。

㊴ **Let's dance, shall we?**
踊りませんか？

㊵ **I don't know where she lives.**
私は彼女がどこに住んでいるのか知らない。

㊶ **I wonder if he will come here tomorrow.**
彼は明日ここに来るかしら。

10時間目

㊷ **This is a car which was made in Germany.**
これはドイツ製の車です。

㊸ **I met a girl whose father is a pilot.**
私は父親がパイロットである少女に会った。

㊹ **This is the camera which I bought yesterday.**
これは私が昨日買ったカメラです。

㊺ **Who is the girl dancing with him?**
彼と踊っている少女は誰ですか？

㊻ **This is a picture taken by him.**
これは彼が撮った写真です。

Exercises

復習ドリル

※「解答」は p.231

1 (　　) 内から適する語を選んでみよう！

① (Are / Do / Does / Is) this an orange or an apple?

② Tom (isn't / doesn't / don't / aren't) have any brothers.

③ (Do / Is / Are / Does) you often cook breakfast?

④ Mary (is / do / can / are) sing English songs.

⑤ We (will / can / do / are) going to play baseball.

⑥ She will (watch / watches / watching / watched) TV.

⑦ Where (did / are / were / do) you last night?

⑧ I (get / gets / getting / got) up early yesterday.

⑨ Is this your cell phone? No, it isn't. It's (him / her / Tom / she) cell phone.

⑩ Hurry up, (and / or / but / so) you'll be late for school.

⑪ How about another (pair / cup / piece / slice) of coffee?

⑫ Tokyo is the (big / bigger / biggest / more big) city in Japan.

⑬ English is (spoken / speaking / speak / spoke) in Canada.

⑭ A: How (many / much / long / far) is it to Kyoto Station?
B: 350 yen.

⑮ I know (which / when / what / how) to use the copy machine.

⑯ I enjoy (sing / sang / singing / to sing) in Karaoke boxes.

⑰ I haven't seen her (for / at / in / to) three years.

⑱ Ben can't swim, (can / can't / is / was) he?

⑲ I have just (do / done / did / doing) my homework.

⑳ This is a watch (which / who / whose / whom) was made in Switzerland.

2 日本文の意味になるよう（　　）内の語を並べ替えよう！

① 彼は私の英語の先生です。

(teacher / He / is / my / English)

② あなたは何のスポーツが好きですか？　野球が好きです。

(you / What / like / ? / baseball / I / do / sports / like)

③ ディックとトムはフランス語を話せる。

(can / French / Dick / Tom / and / speak)

④ 部屋に机がいくつかある。

(room / There / desks / the / are / in / some)

⑤ 彼は今、新聞を読んでいる。

(a / reading / He / is / now / newspaper)

⑥ 私が家族の中で一番背が高い。

(my / the / I / family / am / in / tallest)

⑦ 私は彼ほどうまく英語を話せない。

(can't / as / he / speak / as / I / well / English)

⑧ 私はいつも6時に起きる。

(at / always / six / I / up / get)

⑨ 彼女は自分のデジカメがとても気に入っている。

(very / likes / camera / her / She / much / digital)

⑩ この橋はあの橋の3倍の長さだ。

(bridge / long / one / three / This / that / as / is / times / as)

⑪ これはなんて美しい花なのだろう。

(this / flower / What / is / ! / beautiful / a)

⑫ 私たちは明日、テニスをすることにしている。

(are / to / tomorrow / We / going / tennis / play)

⑬ ブラウン氏はだれからも好かれる。

(by / Mr. / everyone / Brown / liked / is)

⑭ 毎日たくさんの車が日本で作られている。

(made / of / day / A / cars / in / every / lot / Japan / are)

⑮ 彼女の夢は女優になることだ。

(dream / actress / to / a / movie / be / Her / is)

⑯ 私の祖母はガーデニングを楽しんでいる。

(gardening / enjoys / grandmother / My)

⑰ ジェーンは私に手伝ってくれるように頼んだ。

(help / to / asked / Jane / me / her)

⑱ あなたはニューヨークへ行ったことがありますか？

(New York / you / Have / ? / to / been / ever)

⑲ コンサートはもう始まっていた。

(started / concert / The / already / has)

⑳ 私にはボストンに住むアメリカ人の友達がいる。

(Boston / have / American / an / I / friend / in / who / lives)

Answers

解 答

1

① **Is**（これはオレンジですか、りんごですか？）

② **doesn't**（トムは兄弟がいない）

③ **Do**（あなたはよく朝食を作りますか？）

④ **can**（メアリーは英語の歌を歌える）

　動詞（sing）の前には動詞の働きを助ける助動詞（can）。

⑤ **are**（私たちは野球をするつもりだ）

　〈be going to＋動詞の原形〉（〜するつもりだ）

⑥ **watch**（彼女はテレビを見るだろう）

　〈will＋動詞の原形〉

⑦ **were**（あなたは昨夜、どこにいましたか？）

⑧ **got**（私は昨日、早く起きました）

　last night があるから動詞は過去形。

⑨ **her**（これはあなたの携帯電話ですか？　いいえ、違います。それは彼女の携帯電話です）

⑩ **or**（急ぎなさい、さもないと学校に遅れますよ）

　〈命令文＋, or(and)〉「〜しなさい、さもないと(そうすれば)」

⑪ **cup**（コーヒーをもう1杯いかがですか？）

⑫ **biggest**（東京は日本で一番大きな都市だ）

⑬ **spoken**（英語はカナダで話されている）

　受動態は〈be動詞＋過去分詞〉。

復習ドリル

⑭ **much**（A：京都駅までいくらですか？ B：350円です）

How many「数」、How long「期間・長さ」、How far「距離」

⑮ **how**（私はコピー機の使い方を知っている）

how to「〜の仕方」

⑯ **singing**（カラオケボックスで歌うのは楽しい）

〈enjoy＋動名詞（動詞の原形＋ing)〉は p.164参照。

⑰ **for**（私は彼女に3年間会っていない）

〈現在完了形＋for＋ある特定の期間〉は p.187参照。

⑱ **can**（ベンは泳げませんね）

助動詞の付加疑問文については p.193参照。

⑲ **done**（私はちょうど宿題をやり終えたところだ）

〈have［has］just＋過去分詞〉は p.179参照。

⑳ **which**（これはスイス製の時計です）

〈物（a watch）＋関係代名詞の主格（which)〉

2

① **He is my English teacher.**
② **What sports do you like? I like baseball.**
③ **Dick and Tom can speak French.**
④ **There are some desks in the room.**
⑤ **He is reading a newspaper now.**
⑥ **I am the tallest in my family.**
⑦ **I can't speak English as well as he.**
⑧ **I always get up at six.**

always（頻度を表す副詞）は「一般動詞の直前」「be 動詞・助動詞の直後」

⑨ **She likes her digital camera very much.**

⑩ **This bridge is three times as long as that one.**

〈-times as + 原級 + as〜〉「〜の-倍の…」

⑪ **What a beautiful flower this is!**

⑫ **We are going to play tennis tomorrow.**

〈be going to + 動詞の原形〉〜することにしている

⑬ **Mr. Brown is liked by everyone.**

⑭ **A lot of cars are made in Japan every day.**

⑮ **Her dream is to be a movie actress.**

to be = to become「〜になる」

⑯ **My grandmother enjoys gardening.**

⑰ **Jane asked me to help her.**

〈ask + 人 + to + 動詞の原形〉「人に〜するように頼む」

⑱ **Have you ever been to New York?**

ever の位置に注意。

⑲ **The concert has already started.**

〈have [has] already + 過去分詞〉は p.179参照。

⑳ **I have an American friend who lives in Boston.**

〈人（an American friend）+ 関係代名詞の主格（who）〉

キーワードで引く 文法早わかりインデックス

1時間目

- **be動詞** am / is / are のこと。p.15参照
- **一般動詞** be動詞以外のすべての動詞のこと。p.15参照
- **3単現** 3単現の肯定文では一般動詞にs（es）をつける。p.17参照
- **人称のまとめ** p.18参照
- **否定文・疑問文** 動詞は「原形」にする。p.23参照
- **3単現のs（es）のつけ方**。p.25参照

2時間目

- **be動詞の過去形** was / were の2つ。p.30参照
- **規則動詞** ほとんどの動詞はedをつける。p.31参照
- **不規則動詞** 型ごとに覚える。p.34参照
- **過去形の否定文や疑問文** 動詞は原形になる。p.36参照
- **未来形** 〈will＋動詞の原形〉p.39参照
- **進行形** 〈be動詞＋動詞のing形〉p.44参照
- **ing形のつけ方** p.46参照

3時間目

- **助動詞** 後ろには必ず動詞の原形がくる。主語が何であっても変化しない。2つ並べて使うことは絶対にない。p.51参照
- **can** 意味は「〜することができる」と「〜のはずがない」p.53参照
- **may** 意味は「〜してもよい」と「〜かもしれない」p.57参照

- **must** 意味は「〜しなければならない」と「〜にちがいない」p.59参照
- **need** 意味は「〜する必要がある」p.62参照
- **should** 意味は「〜すべきである」p.62参照
- **Would you〜?** 意味は「〜していただけませんか？」p.62参照
- **Would you like〜?** 意味は「〜はいかがですか」p.62参照
- **命令文** 動詞の原形ではじまる。p.64参照
- **否定の命令文** 〈Don't / Never＋動詞の原形〉p.64参照
- **〈Let's＋動詞の原形〜〉** 意味は「〜しましょう」p.64参照
- **命令文，and〜** 意味は「…しなさい、そうすれば〜」p.66参照
- **命令文，or〜** 意味は「…しなさい、さもないと〜」p.66参照

4時間目

- **数えられる名詞** a / an がつき、複数形がある。p.71参照
- **数えられない名詞** a / an がつかず、複数形がない。p.71参照
- **名詞の複数形の作り方** p.74参照
- **人称代名詞の変化** p.77参照
- **a / an のルール** my / his / this / that とは一緒に使えない。p.79参照
- **名詞の所有格** 〜's で表す。p.79参照
- **代名詞の目的格** him / her / them は動詞の後、前置詞の後に置く。p.81参照
- **動詞** 目的語をとる動詞（他動詞）と、とらない動詞（自動詞）がある。p.82参照
- **所有代名詞** mine / yours / his / hers / ours / theirs p.84参照
- **名詞の所有代名詞** 〈人の名前＋'s〉で表す。p.84参照

文法早わかりインデックス

- **whose** 〈Whose+名詞～？〉と〈Whose～？〉の2つの使い方がある。p.84参照

5 時間目

- **形容詞** 名詞の直前に置いてその名詞を説明するか、be動詞の後に置く用法がある。p.91参照
- **数えられる名詞・数えられない名詞の数量の表し方** 数えられる名詞は many / few、数えられない名詞は much / little を使う。p.93参照
- **be動詞の前後の単語** ＝（イコール）で結ばれる関係にある。p.97参照
- **副詞** 動詞、形容詞、他の副詞の3つを修飾する。p.100参照
- **頻度を表す副詞** be動詞・助動詞の直後か、一般動詞の直前に置く。p.102参照

6 時間目

- **同じ程度を表す比較** 〈as+原級+as～〉で表す。p.111参照
- **比較** 〈A+動詞+比較級+than+B〉で表す。p.113参照
- **3人・3つの物以上の中で一番を表す比較** 〈A+動詞+(the+)最上級+of/in～〉で表す。p.114参照
- **「どれ・誰が一番…か？」を表す比較** 〈Which / Who...+(the+)最上級, A, B, or C？〉で表す。p.114参照
- **比較級・最上級** 〈原級+-er/-est〉で表すか、一部の2音節、3音節以上の単語は more / most をつける。p.117参照
- **感嘆文** 〈What (a/an)+形容詞+名詞～！〉か、〈How+形容詞・副詞～！〉で表す。p.122参照

7時間目

- **受動態** 〈be 動詞＋過去分詞＋by＋能動態の主語（目的格）〉で表す。p.131、133参照
- **受動態の by 以下が省略可能な場合** 行為者が推測できるか、行為者がわからないとき。p.134参照
- **「人に物を〜する」** 〈主語＋動詞＋人＋物〉か、〈主語＋動詞＋物＋to/for＋人〉で表す。p.137参照
- **受動態の否定文と疑問文の作り方** be 動詞の否定文と疑問文と同じ。p.139参照
- **by 以外に受動態の行為者を表す前置詞** at/to/with が使われる動詞は熟語として覚える。p.142参照
- **5 W 1 H と which** 疑問詞の表現は17のパターンで覚える。p.145参照

8時間目

- **〈to＋動詞の原形の不定詞〉** 名詞と同じ働きをするもの、副詞と同じ働きをするもの、形容詞と同じ働きをするものがある。p.153参照
- **名詞と同じ働きをする不定詞** 主語か、目的語か、補語になる。p.154参照
- **副詞と同じ働きをする不定詞** 目的か原因・理由を表す。p.156参照
- **形容詞と同じ働きをする不定詞** 名詞・代名詞の直後に置かれ、その名詞・代名詞を修飾する。p.157参照
- **〈疑問詞＋不定詞〉** know や learn の目的語になることが多い。p.160参照

文法早わかりインデックス

- 〈too＋形容詞・副詞＋to＋動詞の原形〉 意味は「あまりに…なので～できない」p.162参照
- 〈How long does it take to＋動詞の原形～？〉 意味は「～するのにどのくらい時間がかかりますか？」p.162参照
- 動名詞 〈動詞の原形＋ing〉で表し、名詞と同じ働きをする。p.164参照

9 時間目

- 現在完了 肯定文は〈have [has]＋過去分詞～〉、否定文は〈have [has]＋not＋過去分詞～〉、疑問文は〈Have [Has]＋主語＋過去分詞～？〉で表す。p.174参照
- 「継続」を表す現在完了 since / for / How long～？などと一緒に使うことが多い。p.175参照
- 「経験」を表す現在完了 ever / never / before / often / once / twice /～ times などと一緒に使うことが多い。p.177参照
- 「完了」を表す現在完了 just / already / yet などと一緒に使うことが多い。p.179参照
- 「結果」を表す現在完了 p.182参照
- 現在完了のルール はっきり過去を表す語句や when、just now とは一緒に使えない。p.185参照
- 現在完了と一緒に使う for と since for は「～の間」、since は「～以来」の意味。p.187参照
- be 動詞の付加疑問文 肯定文の場合は後ろに否定の付加疑問文、否定文の場合は後ろに肯定の付加疑問文をつける。p.188参照
- 一般動詞の付加疑問文 肯定文の場合は後ろに do / does / did を使った否定の付加疑問文、否定文の場合は後ろに肯定の付加疑問文を

つける。p.191参照
- 助動詞の付加疑問文　肯定文の場合は後ろに助動詞を使った否定の付加疑問文、否定文の場合は後ろに肯定の付加疑問文をつける。p.193参照
- 命令文の付加疑問文　肯定文、否定文ともに後ろにwill　you？をつける。Let's～？の付加疑問文は後ろにshall　we？をつける。p.195参照）
- 間接疑問文　know / wonderなどの後ろに〈疑問詞＋主語（＋助動詞）＋動詞〉を続ける。p.196参照
- ifを使った間接疑問文　意味は「(～かどうか)知っている、～かしら」p.198参照

10時間目

- 関係代名詞　2つの文をつなぐ「接着剤」の役目をする。p.203参照
- 関係代名詞の変化　p.204参照
- 関係代名詞のthat　主格・目的格who / whom / whichの代わりにthatを使うことができる。p.213参照
- 関係代名詞thatを使うルール　p.213参照
- ing形の現在分詞　形容詞と同じ働きで、名詞を修飾する。p.215参照
- 現在分詞の使い方　単独で使う場合は名詞の前に、現在分詞の後に語句を伴う場合は名詞の後に置く。p.215参照
- 過去分詞　単独で使う場合は名詞の前に、過去分詞の後に語句を伴う場合は名詞の後に置く。p.217参照
- 分詞　〈関係代名詞＋be動詞〉を省略したもの。p.219参照

文法早わかりインデックス

〔著者紹介〕

稲田　一（いなだ　はじめ）

1948年広島県生まれ。早稲田大学法学部卒業。

大手電機メーカーの人事・総務部勤務後、（専）通訳ガイド養成所を経て、翻訳・塾講師・家庭教師などの仕事に従事。受験界に身を転じてからは、「志望校の徹底分析に基づく効率的学習」を柱とする独自の学習法を確立。その理論に裏付けられた指導法により、多くの受験生を合格へと導く。

還暦を機に、海外各国を歴訪。今後も視野を一層広くするため、訪問国を増やしていく予定。

著書に、『カラー版 CD付 高校3年間の英語を10日間で復習する本』『CD付 中学英語で身につける日常会話』『中学3年間の英文法を10時間で復習する本』『中学英語でらくらくトラベル会話』『CD付 中学英語の前置詞を10時間で復習する本』『CD2枚付 当てはめ式3秒英語で自分のことを話してみる』（以上KADOKAWA）、『早稲田大学完全マニュアル』（松柏社）などがある。

カラー版　CD付　中学3年間の英語を10時間で復習する本（検印省略）

2010年2月1日　　第1刷発行
2024年5月15日　　第71刷発行

著　者　稲田　一（いなだ　はじめ）
発行者　山下　直久

発　行　株式会社KADOKAWA
　　　　〒102-8177　東京都千代田区富士見2-13-3
　　　　電話　0570-002-301（ナビダイヤル）

●お問い合わせ
https://www.kadokawa.co.jp/（「お問い合わせ」へお進みください）
※内容によっては、お答えできない場合があります。
※サポートは日本国内のみとさせていただきます。
※Japanese text only

定価はカバーに表示してあります。

DTP／フォレスト　印刷／加藤文明社　製本／本間製本

©2010 Hajime Inada, Printed in Japan.
ISBN978-4-04-602552-4　C2082

本書の無断複製（コピー、スキャン、デジタル化等）並びに無断複製物の譲渡及び配信は、著作権法上での例外を除き禁じられています。また、本書を代行業者などの第三者に依頼して複製する行為は、たとえ個人や家庭内での利用であっても一切認められておりません。